SOBREVIVENTE

Editora Appris Ltda.
1.ª Edição - Copyright© 2025 do autor
Direitos de Edição Reservados à Editora Appris Ltda.

Nenhuma parte desta obra poderá ser utilizada indevidamente, sem estar de acordo com a Lei nº 9.610/98. Se incorreções forem encontradas, serão de exclusiva responsabilidade de seus organizadores. Foi realizado o Depósito Legal na Fundação Biblioteca Nacional, de acordo com as Leis nos 10.994, de 14/12/2004, e 12.192, de 14/01/2010.

Catalogação na Fonte
Elaborado por: Dayanne Leal Souza
Bibliotecária CRB 9/2162

A282s
2025
	Aguiar, Ronaldo Conde
	   Sobrevivente / Ronaldo Conde Aguiar. – 1. ed. – Curitiba: Appris, 2025.
	      211 p. ; 23 cm. – (Geral).
	
	   ISBN 978-65-250-7651-5
	
	   1. Saga. 2. Rebeldia. 3. Sobrevivência. I. Aguiar, Ronaldo Conde. II. Título. III. Série.
	
	                                                       CDD – 800

Appris
editora

Editora e Livraria Appris Ltda.
Av. Manoel Ribas, 2265 – Mercês
Curitiba/PR – CEP: 80810-002
Tel. (41) 3156 - 4731
www.editoraappris.com.br

Printed in Brazil
Impresso no Brasil

RONALDO CONDE AGUIAR

SOBREVIVENTE

Curitiba, PR
2025

FICHA TÉCNICA

EDITORIAL	Augusto V. de A. Coelho
	Sara C. de Andrade Coelho
COMITÊ EDITORIAL	Ana El Achkar (Universo/RJ)
	Andréa Barbosa Gouveia (UFPR)
	Jacques de Lima Ferreira (UNOESC)
	Marília Andrade Torales Campos (UFPR)
	Patrícia L. Torres (PUCPR)
	Roberta Ecleide Kelly (NEPE)
	Toni Reis (UP)
CONSULTORES	Luiz Carlos Oliveira
	Maria Tereza R. Pahl
	Marli C. de Andrade
SUPERVISORA EDITORIAL	Renata C. Lopes
PRODUÇÃO EDITORIAL	Renata Miccelli
REVISÃO	Andrea Bassoto Gatto
DIAGRAMAÇÃO	Bruno Ferreira Nascimento
CAPA	Mariana Brito
REVISÃO DE PROVA	William Rodrigues

Com o melhor dos sentimentos,
aos meus pais e aos meus irmãos.
Aos meus amigos do Zaccaria, do Souza Aguiar, dos Bancários, da vida.
A todos que, um dia, acreditaram, sonharam e sofreram.

A mim próprio, que sobrevivi.

Sou bem-nascido. Menino,
Fui, como os demais, feliz.
Depois, veio o mau destino.
E fez de mim o que quis.
Veio o mau gênio da vida,
Rompeu em meu coração,
Levou tudo de vencido,
Rugiu como um furacão
Turbou, partiu, abateu,
Queimou sem razão nem dó –
Ah, que dor!
Magoado e só
- Só – meu coração ardeu:
Ardeu em gritos dementes
Na sua paixão sombria...
E dessas horas ardentes
Ficou esta cinza fria.
(*Epígrafe*, Manuel Bandeira)

Este livro é de mágoas. Desgraçados
Que no mundo passais, chorai ao lê-lo!
Somente a vossa dor de torturados
Pode, talvez, senti-lo... e compreendê-lo.
(*Este livro...*, Florbela Espanca)

O que eu sou hoje é terem vendido a casa.
É terem morrido todos.
É estar eu sobrevivente a mim-mesmo como um fósforo frio...
(*Aniversário*, Fernando Pessoa)

É tudo verdade, exceto os fatos que a memória, os anos de vida e a imaginação embaralharam.
(*De um caderno de notas*, Vitor)

SUMÁRIO

— 1 —
DELÍRIO..................................11

— 2 —
CASA
DE ESQUINA...............................15

— 3 —
PRIMEIRO
ENFARTE..................................27

— 4 —
PIAUÍ....................................35

— 5 —
EDIFÍCIO
DOS BANCÁRIOS............................49

— 6 —
COMUNISTAS...............................63

— 7 —
MÁRIO....................................77

— 8 —
LISA.....................................89

— 9 —
POLOP 101

— 10 —
FNFI 111

— 11 —
CLANDESTINIDADE 123

— 12 —
PRISÃO 139

— 13 —
TORTURA 157

— 14 —
EXÍLIO 173

— 15 —
FIM 193

— 1 —
DELÍRIO

RIO DE JANEIRO, 2002

Quando despertei, a primeira coisa que vi foi o vulto. O vulto estranho e enorme, circundado por um feixe de luz branca e ofuscante que doía nos meus olhos, no meu peito, em todo o meu corpo.

Que ambiente era aquele? Que vulto era aquele?

Tudo ali me parecia estranho – o vulto, a luz branca, os fios que prendiam meus braços a máquinas estranhas que piscavam e faziam um ruído contínuo, desagradável, como a de um relógio, como a de uma bomba prestes a explodir. Veio-me, então, a certeza de que eu ia passar por outra sessão de tortura. Eu estava amarrado, indefeso. Aqueles fios eram o sinal evidente de que os choques elétricos iam recomeçar. Medo. Procurei retesar os músculos, mas o que senti foi dor, muita dor, uma dor que queimava o meu peito, que queimava minhas entranhas.

O vulto estranho parecia ser um homem alto. Magro. Não era um vulto qualquer, mas um xamã, um ectoplasma, uma criatura misteriosa, que não dizia nada, apenas me olhava. Não era humano. Usava uma espécie de turbante e uma máscara. Não se movia. Apenas me olhava, em silêncio. Às vezes, o que parecia ser sua cabeça balançava, mas lentamente, de um lado para outro, como quem diz não. Percebi que ele falava, em voz baixa, inaudível, com outro xamã, ao seu lado.

Que ambiente era aquele? Que lugar era aquele que não me permitia ver os contornos, que não me permitia enxergar as coisas como elas são ou deviam ser?

Eu sentia um enorme mal-estar. Gosto amargo na boca gosmenta, como a de um réptil. Quis mexer a cabeça, olhar para o outro lado, mas uma dor fina, como se uma agulha estivesse sendo espetada na minha nuca, quase me fez gritar de dor.

Tentei respirar fundo, mas o ar que penetrou no meu corpo quase não atingiu os meus pulmões. Sensação de sufocamento. A angustiante sensação de sufocamento tão conhecida dos cardíacos. E dos torturados.

A busca inútil e desesperada de oxigênio fez o meu corpo se cobrir de suor – um suor frio, intenso. Quis falar com o vulto, que permanecia em silêncio e imóvel diante de mim, mas não senti nem ouvi a minha própria voz.

Garganta seca. Dor na nuca. Dor que vai me empurrar para a morte, para um abismo fundo e branco, muito branco. Um abismo sem volta. O nada.

Estou morrendo – é inútil gritar, falar, gemer, pedir ajuda. Estou morrendo – por que essa dor na nuca? Eu quero morrer sem dor, sem sofrimento. Eu quero morrer em paz, em silêncio. Mas a morte na tortura é dolorosa, sofrida, desesperadora, sem remissão.

Olho mais uma vez para o vulto e, de repente, ouço gritos, sinto que estou sendo chutado, querem saber de mim coisas que eu não sei. Não! Não! Não!

*****

Sinto uma enorme sonolência. Estou morrendo – e alguém naquele ambiente estranho e branco começou a rir, a rir alto, a gargalhar.

Sono. Mais uma vez. Com o sono, os meus sonhos. Os sonhos de sempre. Os sonhos que só me trazem tristeza e saudade. Os sonhos que me fazem sofrer e me sentir inútil, velho, quase ninguém. A sensação ruim de que estou me acabando, que nada posso fazer para evitar o fim próximo.

A casa de esquina, onde vivi parte da infância. Meus sonhos sempre se passam na velha casa de esquina de Santa Rita do Sapucaí, daí a tristeza que sinto quando durmo e sonho. A casa de esquina me traz lembranças, nem sempre boas.

Pessoas que conheci muito tempo depois de ter deixado a casa de esquina, fatos e amigos recentes, alegrias, sons, músicas, tristezas de agora, tudo e todos – personagens dos meus sonhos – recuam no tempo até o casarão de Santa Rita do Sapucaí, cenário único dos meus sonhos.

Por quê? Que estranho sortilégio é esse que me faz recuar no tempo e retornar à casa de esquina? Porque meus sonhos sempre me fazem deslizar em direção ao passado? Não a um passado qualquer, mas a um passado que vive em Santa Rita do Sapucaí. Um passado distante, que eu já devia ter esquecido. A casa de esquina.

Por que, afinal, essa ideia fixa numa casa em que vivi quando era criança? Por quê?

A velha casa de esquina só está viva nos meus sonhos, nos meus delírios. Nunca mais a vi – e agora é tarde demais, pois sinto que estou morrendo.

O quintal da velha casa de esquina. O abacateiro. O limoeiro. As galinhas ciscando. O galo, que um dia me atacou e me feriu nos braços, nas pernas, no peito. As roupas e os lençóis pendurados no varal, o bambu erguendo a corda. Cacos de telha e pedras no chão. A lagartixa assustada que escalava o muro em disparada. Os passarinhos. A goteira nas noites de chuva. A trilha das formigas.

Aos poucos, sinto que estou voltando ao estado de semiconsciência. E percebo, mais uma vez, que estou no mesmo ambiente branco, no mesmo estranho ambiente branco de antes. O vulto permanece onde estava, mas o seu companheiro desapareceu. Branco e silencioso, o vulto apenas me olha. O que ele quer de mim?

Eles querem que eu lhes diga coisas que desconheço. E me chutam, e me dão choques, e me cospem, e me dão socos. Meu peito dói, os meus olhos doem, a minha cabeça não me dá trégua. Os gritos ecoam no meu cérebro, que está sendo arrancado, sugado pela agulha que foi enfiada na minha nuca. Dor. Muita dor. Por quê? Por quê?

Fechei os olhos – refúgio, fuga, amparo. Meu Deus, o que estou fazendo aqui? Que ambiente é este? Como vim parar aqui? O que aconteceu comigo?

Cadê o vulto branco para me dizer o que eu fazia ali? Não consigo pensar direito, estou confuso e sem memória, sinto que não tenho passado nem futuro, minha vida vai começar e acabar aqui, neste ambiente estranho e branco. Sinto-me oco, vazio. O que faço aqui? Por que estou aqui? E se eu já estiver morto? Veio-me, então, a certeza de que a morte era isso – um ambiente estranho, muito claro, muito branco, ofuscante.

Hospital. Sim, estou num hospital, o cheiro de éter – inconfundível. Talvez numa UTI. Por quê? O que me trouxe aqui, a este ambiente sem vida? Uma mancha branca aproximou-se de mim, tomou-me o pulso, aplicou-me uma injeção. Tortura. Senti que estava apagando mais uma vez.

Antes de perder a consciência por completo, notei que o ectoplasma evaporara. Sem a presença do vulto, nem do seu companheiro, uma sensação de tranquilidade tomou conta de mim. Uma sensação agradável e intensa, sem dor, sem sonhos, medo ou tristeza, que me fez sorrir como se fosse uma criança ao ganhar um doce.

Não sinto mais nada. Não desejo mais nada. Estou indo embora. Sim, já posso morrer em paz.

Apaguei.

– 2 –
CASA DE ESQUINA

SANTA RITA DO SAPUCAÍ, SEGUNDA METADE DOS ANOS 1940

A melhor – talvez a única – maneira de se chegar a Santa Rita do Sapucaí era de trem, Maria-Fumaça, com baldeações em Barra do Piraí e Passa Quatro.

A estação de Santa Rita era modesta e feia, pintada de amarelo queimado que o tempo tinha desbotado em algumas partes. O rodapé externo era coberto de manchas escuras. Nos dias de chuva, as calçadas externas da estação ficavam enlameadas. A mãe ralhava quando me via pisando na lama:

— Menino, olha a poça d'água! Sai daí, Vitor!

A estação era um grande galpão, sempre muito cheio de sacos de café, e uma pequena sala, cuja janela servia também de guichê de venda de passagem. O chefe da estação era um sujeito baixo e barrigudo, bigodão enorme que cobria o seu lábio superior. Chamava-se Esmeraldino, mas todos o chamavam de Dino da Ferrovia. Era amigo do meu pai, que caçoava do barrigão do outro, cantando (fora do tom, mas de forma engraçada) a marchinha "Clube dos barrigudos":

> *Você já viu barrigudo dançar?*
> *Não?*
> *Quá, quá, quá, quá, quá!*
> *Quando ele dança, ui.*
> *Sacode a pança, ui.*
> *Quá, quá, quá, quá, quá!*

O carro que nos levava da estação para a casa de esquina era um calhambeque, um Ford bigode com teto de lona – ao ouvir meu pai dizer "Ford bigode" eu me lembrava do *seu* Dino da Ferrovia. Do bigodão do *seu* Dino da Ferrovia. *Quá, quá, quá, quá, quá!*

Quem dirigia o carro era um empregado do meu pai, o Gonçalo, que tinha uma maneira muito peculiar de dirigir: nunca desviava dos buracos e das pedras e freava sempre bruscamente, isso quando não subia no meio-fio. Meu pai (chamava-se Joaquim) reclamava: "Presta atenção, Gonçalo! Assim você arrebenta o carro!".

O negro limitava-se a rir, mostrando as gengivas vermelhas e os dentes encardidos de nicotina e cáries. Faltavam-lhe o canino e o primeiro pré-molar esquerdos.

O retorno à casa de esquina, depois do mês de férias no Rio, tinha para mim um significado especial: era também o retorno ao quintal grande, onde eu construíra o meu mundo, onde passava grande parte do dia – feliz, livre, sozinho.

O quintal grande era um mundo de aventuras e sonhos. Meu mundo de liberdade. Eu o sentia como se fosse um mundo real e meu. Só meu. Uma frase de Manoel de Barros resume tudo: "Meu quintal é maior que o mundo".

*****

Santa Rita do Sapucaí era, na época, um município cafeeiro. Os morros que rodeavam a cidade exibiam fileiras de pés de café, muito verdes e brilhantes ao sol.

Joaquim trabalhava na empresa exportadora Pinto & Lopes, que comprava o café dos produtores, fazia a separação dos grãos e ensaca-va-os, mandando-o para o Rio, de onde era exportado ou vendido nas praças do Brasil.

O café de Santa Rita foi erradicado na segunda metade dos anos 1960 e início dos anos 1970. A cidade mobilizou-se e procurou outras vocações e saídas. Hoje, Santa Rita do Sapucaí reúne várias instituições de ensino e indústrias das áreas de eletrônica, telecomunicações e informática.

*****

Eu vivia mexendo nas tralhas do porão da casa de esquina. Um dia, descobri uma peneira grande, daquelas de peneirar grãos de café, e resolvi armar uma arapuca. Eu queria capturar um saci – é, um saci.

A arapuca foi armada ao lado do abacateiro. Todas as manhãs, eu ia conferir. Nada de saci. Um dia, Gonçalo me disse:

— Aqui não tem saci, menino. Saci só tem no mato.

Desarmei a arapuca, decepcionado. Antes do jantar, comentei com o pai, cheio de sabedoria: "No quintal não tem saci. Saci só vive no mato".

Joaquim estava lendo o jornal. Estranhou o meu comentário e me olhou por cima dos óculos:

— Saci?

Minha mãe (chamava-se Estrela) comentou:

— Esse menino deu agora para falar de saci. Não sei com quem ele aprendeu essa história de saci.

Sacudindo a cabeça, meu pai voltou a ler o jornal.

Minha tia Vanda, irmã de minha mãe, passara dois meses em Santa Rita do Sapucaí e lera para mim a história do saci de Monteiro Lobato. Pedrinho, Narizinho e Emília capturaram um saci utilizando como arapuca uma peneira. Eu queria fazer o mesmo.

Saci, segundo Lobato, um especialista no assunto, gosta de brincar nos pequenos rodamoinhos de poeira e folhas secas que o vento às vezes forma nos quintais. Quando escapole dos rodamoinhos, o saci se esconde em lugares sombreados.

— Em todos os rodamoinhos de quintal têm um saci dentro, disse-me tia Vanda com o livro de Monteiro Lobato nas mãos.

— Quem disse isso?

Tia Vanda sorriu.

— Foi tio Barnabé. Ele mora num rancho coberto de sapé, perto do Sítio do Pica-Pau Amarelo.

Eu praticamente aprendi a ler e a gostar da leitura a partir dos livros infantis de Monteiro Lobato. Devo isso à tia Vanda.

*****

Eu estava jantando quando minha mãe me disse:

— Amanhã você vai para a escola com seu irmão.

Fui. E gostei.

Na escola, o meu irmão mais velho, Mário, passou a tarde toda chorando, o rosto escondido no ninho dos seus braços cruzados sobre a carteira.

Eu participei de várias atividades na escola. Corri, subi em árvore, fiz desenhos, cantei, brinquei. O quintal da escola era maior que o da casa de esquina. Mas o meu mundo era melhor, era mais colorido.

Quando Gonçalo foi nos buscar, eu disse à professora, cheio de prosa:

— Até amanhã.

A professora riu e me deu um beijo. Meu irmão estava com os olhos vermelhos e inchados de tanto chorar. Não se despediu: ele sequer olhou para a professora.

*****

Tinha chovido. A chuva deixara um arco-íris no céu de Santa Rita do Sapucaí. Sentei-me ao pé do abacateiro e fiquei admirando o arco-íris. Minha tia Vanda me contara muitas histórias sobre o arco-íris.

Mário, banho recém-tomado, sentou-se ao meu lado. Disse:

— Arco-íris bonito.

Concordei. Mário continuou:

— Sabe que ninguém pode apontar o dedo para o arco-íris?

Fiquei curioso:

— Por quê?

Meu irmão fez cara de quem sabia das coisas.

— Nasce uma bolota na ponta do dedo. Uma bolota do tamanho de uma bola de gude. Das grandes.

Banquei o valente:

— Pois eu aponto.

— Então, aponte – desafiou Mário.

— Olha que eu aponto.

— Aponta nada.

— Você duvida?

— Duvido.

— Duvida mesmo?

— Duvido, já disse.

— Olha que eu aponto.

— Então aponte se é homem.

— Eu sou homem.

— Então aponte, droga!

Silêncio. Mário insistiu:

— Como é? Não vai apontar?

— Pera aí!

Mário provocou:

— Deixa de ser mariquinha!

Silêncio. Timidamente, apontei o indicador na direção dos traços coloridos que riscavam o céu de Santa Rita.

— Vai nascer uma bolota no seu dedo – festejou Mário, com uma alegria que me fez chorar de raiva e medo.

Na hora de dormir, apavorado, rezei baixinho uma Ave-Maria, mas não disse nada à Estrela, que arrumava minha roupa no armário.

Quando acordei, pela manhã, olhei para o meu dedo. Nada de bolota. É difícil descrever o que eu senti naquela manhã.

Jamais esqueci a pequena maldade de Mário e o júbilo dele quando me viu assustado.

*****

Aos sábados, meu pai nos levava ao cinema – Cine Santa Rita – para ver o seriado de Flash Gordon.

— Pai, os marcianos são maus, não são?

— Mas nós também somos.

Silêncio.

— Pai, você já viu um marciano?

— Nunca.

Silêncio.

— Pai, os marcianos vão invadir a Terra?

— Invadir? Invadir para quê, Vitor?

Silêncio.

— Pai, Flash Gordon existe mesmo?

— Existe.

Silêncio. Joaquim acrescentou:

— Tudo o que a gente gosta acaba existindo, meu filho. Como tudo o que a gente quer acaba conseguindo. Você não gosta de Flash Gordon? Então ele existe.

*****

Meus pais conversavam na sala, eu ia passando e fiquei escutando atrás da porta.

— Não sei como resolver o problema do Mário – disse minha mãe ao meu pai que, como sempre, estava lendo jornal.

— Ele chora a tarde inteira na escola. As professoras estão preocupadas.

— E o Vitor?

— Você sabe como é o Vitor. Não chorou nem um minuto. Brincou o tempo todo.

Senti pena do Mário. Não sei se foi a primeira vez que senti dó do meu irmão. Sei apenas que não foi a última.

*****

Moramos quatro ou cinco anos em Santa Rita do Sapucaí, de 1945 ou 1946 a 1949.

Eu e meu irmão Mário nascemos em Penedo, Alagoas. Eu em 1942 e ele em 1941. Em Santa Rita do Sapucaí nasceram dois outros irmãos meus, Tiago e Paulo.

Paulo morreu com meses de idade, não sei exatamente quantos. Vi meu pai chorar pela primeira vez, mas não tive pena dele. Tive pena do Paulo, trancado num caixote revestido de pano branco, que estava sobre a mesa da sala, cercado de vasos de flores, em torno dos quais voavam moscas. O cheiro das flores embrulhou o meu estômago. Até hoje tenho horror ao cheiro das flores de velório. Não suporto ir a velório.

Gonçalo, muito sério e triste, servia café aos amigos dos meus pais, todos também muito sérios e tristes. A morte é sempre muito triste, principalmente quando quem morre é uma criança de alguns meses de vida. Como diria muitos anos à frente o escritor moçambicano Mia Couto, "Nunca se encontrou nada mais triste que caixão pequenino".

Minha mãe estava deitada, dormindo, o quarto estava às escuras, lembro-me como se fosse hoje. Cheguei perto, bem devagar, não queria assustá-la. Na verdade, quem estava assustado era eu.

O rosto de Estrela estava crispado, talvez estivesse sonhando com Paulo ou, quem sabe, estivesse chorando no sonho. Alguém dera a Estrela um calmante.

Fui me refugiar no quintal, onde fiquei olhando para os tufos de nuvens no céu azul de Santa Rita. Imaginei meu irmão naquelas nuvens brincando com anjos da sua idade. Talvez ele estivesse feliz.

*****

Próximo à casa de esquina tinha um armazém de secos e molhados. O dono do armazém chamava-se Putieu – em Santa Rita do Sapucaí dizia-se: "Venda do *seu* Putieu". Putieu tinha dois filhos, um deles anão. O anão chamava-se Antônio.

Eu tinha medo do filho anão do *seu* Putieu. Cresci ouvindo histórias sobre anões. Algumas escatológicas, como aquela que todo anão tem um pênis enorme, o que talvez fosse uma compensação da natureza: o cara não crescia, ficava atrofiado, mas o seu pau tornava-se descomunal.

Li, não sei onde, que ao ver um anão o sujeito deve dar três voltas ao seu redor para evitar o azar. Li também que toda mulher em fase de amamentação deve evitar cruzar o olhar com o de um anão, pois, caso isso aconteça, o seu leite secará instantaneamente.

Em Santa Rita do Sapucaí, eu ainda não sabia nada dessas histórias sobre anões, embora, como disse, eu tivesse medo do filho do *seu* Putieu.

Um dia, Estrela me pediu que fosse buscar alguma coisa na venda do Putieu, não me lembro o quê.

O anão estava no topo de uma escada, arrumando prateleiras. Enquanto arrumava as mercadorias, ele cantava, em voz alta, "Bonequinha linda", um bolero muito em voga na época, que eu mesmo gostava de cantar com Estrela. Ele estava sozinho na venda, viu-me, mas não parou de cantar.

Bonequinha linda
De cabelos de ouro
Olhos tentadores
Lábios de rubi

Pedi a encomenda. O anão parou de cantar, fez uma careta de contrariedade, desceu a escada com algum esforço (as pernas curtas atrapalhavam) e me atendeu. Deve ter percebido o meu constrangimento, pois falou, rindo:

— Pode olhar para mim, menino. Eu não mordo.

Então avançou contra mim, fazendo uma careta, e gritou:

— Buuuuum!

Saí da venda do *seu* Putieu em carreira.

*****

Próximo a Santa Rita do Sapucaí havia um leprosário. De vez em quando, montados a cavalo, dois ou três leprosos, como nós chamávamos, vinham à cidade fazer compras. Não puxavam conversa com ninguém. Tão silenciosos como chegavam, partiam.

Meu pai não os chamava de leprosos, mas de morféticos, o que não era ofensivo, mas um dos tantos nomes pelos quais os doentes de lepra eram conhecidos na época. Lembro-me de Joaquim nos alertando:

— Nunca fiquem perto de um morfético. A morfeia é contagiosa e não tem cura.

Hoje se sabe que há variedades de lepra que não são contagiosas. Com o avanço do conhecimento e dos medicamentos sofisticados, a lepra – qualquer lepra – é curável, desde que tratada a tempo.

Em Santa Rita do Sapucaí corriam histórias sobre a lepra e os leprosos. Gonçalo contou que conhecia um sujeito que perdeu os dedos das duas mãos e o nariz, comidos pela doença.

— Que horror, Gonçalo – reclamou minha mãe. – Isso é história para contar aos meninos?

Hoje, é politicamente incorreto – acho uma babaquice essa história de politicamente incorreto, mas isso é outro assunto – o uso das palavras lepra, leproso, leprosário, morfeia, morfético, mal de Lázaro e elefantíase dos gregos. São palavras e termos proibidos. Deve-se dizer apenas hanseníase, mal de Hansen ou portador de hanseníase.

Houve tempo em que os portadores do mal de Hansen, os leprosos, eram caçados como vira-latas pelos serviços de prevenção e profilaxia e confinados compulsoriamente. Eram mantidos isolados da família, dos amigos, da sociedade, em asilos ou colônias, até que morressem ou se curassem, o que raramente acontecia. E quando acontecia, ninguém acreditava, de modo que os curados nem sempre voltavam para casa. Continuavam confinados. Morriam nos asilos ou nas colônias, abandonados pelos familiares. A lepra – ou a hanseníase – não é só uma doença, mas um estigma social. Ainda hoje.

*****

No centro de Santa Rita do Sapucaí havia uma praça retangular, a principal da cidade, com coreto, bancos de cimento e flores nos canteiros. Numa das extremidades da praça, a Paróquia Santa Rita de Cássia, onde Estrela ia rezar aos domingos. Joaquim encontrava-se com amigos na praça e ficavam proseando e rindo alto das histórias que um contava aos demais.

À noite, jovens e adolescentes, em algazarra, ficavam fazendo voltas na praça, enquanto a meninada, aos gritos, corria em todas as direções, às vezes esbarrando nas pessoas e zombando dos casais de namorados.

Era como se a cidade tivesse ido se encontrar na praça. Sempre que penso na movimentação da Praça de Santa Rita do Sapucaí lembro-me do filme *Amarcord*, de Fellini.

*****

As chuvas não paravam de cair. Joaquim, espiando através do vidro da janela, coçava a cabeça e comentava:

— Soube que o rio está subindo muito depressa. É capaz de ter enchente.

O Rio Sapucaí serpenteia em torno da cidade, mas, em certo trecho, o mais largo, margeia bem próximo à parte baixa do centro.

— Pai, a enchente vai chegar até aqui?

— Não. Nós estamos na parte alta da cidade.

— E se chegar?

— Já disse que não vai chegar aqui, não disse?

A chuva não me deixava ir brincar no quintal, o que me fazia ficar aborrecido. As aulas, para alegria de Mário, foram suspensas. Eu tinha que permanecer no meu quarto, de onde podia ouvir Estrela cantando enquanto costurava.

— Mãe, quando vai parar a chuva?

— Quando Deus quiser.

— E se Deus não quiser?

— Não diz bobagem, Vitor. Olha que Ele castiga.

As águas do Rio Sapucaí invadiram ruas, becos e quintais das casas ribeirinhas, transformando tudo em lamaçais e destruição.

*****

— Nunca tivemos tanta chuva assim em Santa Rita.

Dino Bigodão, sentado na poltrona geralmente usada por Joaquim, saboreava o café que Estrela lhe trouxera. Continuou:

— *Seu* Valdivino Moreira me disse que perdeu toda a safra.

— Caso sério – disse o pai, coçando a cabeça.

— Pois é – concordou Bigodão, acendendo um cigarro.

— Ainda bem que a chuva diminuiu um pouco. Vamos ver se passa de uma vez.

— Há uma semana estamos sem trem. Vários trechos da linha foram inundados. Houve também deslizamentos de barreiras.

— E o galpão?

Dino Bigodão deu uma longa baforada. Suspirou.

— A água invadiu. O café foi embora. Os sacos se desmilinguiram. Um baita prejuízo, Joaquim, mas ainda não deu para calcular de quanto.

— Caso sério – repetiu meu pai.

Eu ouvi a conversa de Joaquim com Dino Bigodão e fiquei imaginando sacos de café boiando no rio.

*****

Depois de quase dois dias de chuvas fracas, quando todos já pensavam que o pior já passara, a chuva voltou tão torrencial como antes.

A ponte de madeira sobre o Rio Sapucaí estava ameaçada e o prefeito decidiu interditá-la para veículos e pessoas.

— Mais essa – lamentou Joaquim.

Os fiéis procuraram consolo na igreja. Houve missas e orações. As beatas rezavam terços em voz alta, como a exigir dos santos o fim das chuvas.

*****

Quando a chuva, enfim, parou e o céu de Santa Rita tingiu-se de azul muito brilhante, uma sensação de alívio dominou a cidade. Era hora de contabilizar os estragos e pagar promessas feitas na hora do aperreio. Para tristeza de Mário, era hora de voltar às aulas.

Parte do meu quintal transformara-se numa enorme poça d'água, onde os raios do sol cintilavam. As folhas do abacateiro estavam mais verdes do que nunca. A chuvarada fizera bem à árvore.

Gonçalo perguntou a Joaquim:

— Será que a chuva parou mesmo, de vez?

Joaquim olhou feio para o empregado, mas não disse nada.

*****

O Ford bigode sacolejou, enfrentou buracos, pedras e mata-burros, mas chegou inteiro (embora coberto de pó) à fazenda do amigo de Joaquim. Eu e meu irmão Mário gostávamos da fazenda, tudo ali era motivo de nossa curiosidade. Fui espiar o gado, pedi para montar no cavalo, curti o grande tanque onde nadavam peixes, patos e marrecos.

Uma fotografia encontrada nos guardados da família mostra Joaquim, vestido de roupa escura. Mário corre em sua direção, mas eu estou à distância, de olhos fixos no pato que deslizava na água. Em que eu estaria pensando?

*****

Um dia, Mário ganhou um velocípede alemão, importado, a lataria preta (com dizeres em ouro), pneus de borracha maciça. Todos – eu e a garotada da cidade – morremos de inveja, principalmente porque Mário não nos deixava dar uma volta sequer no velocípede. Joaquim e Estrela pediam a Mário, mas ele sempre ignorava os seus pedidos: "Não empresto e pronto!".

Acho que eu nunca pedalei aquele velocípede. Sofri muito por isso.

*****

Eu tinha um amigo, que morava numa casa azul vizinha à casa de esquina. Chamava-se Gil. Era muito inventivo e inteligente. Ele cortava folhas de caderno, fazia tiras, depois colava as pontas de uma na outra, e nelas desenhava histórias em quadrinhos.

Numa caixa de sapatos, Gil adaptou uma pequena geringonça, em cujos lados havia dois carretéis feitos de arame. Ele enrolava as tiras num dos carretéis e prendia uma das pontas no outro. Na caixa, Gil abriu um buraco retangular, que ele chamava de tela. Ele girava lentamente os carretéis, e os desenhos surgiram no buraco da caixa, um a um. "Passavam pela tela", dizia ele enquanto fazia a narração da história e a sonoplastia. Era o seu cineteatro. Cineteatro Gil.

Que destino ele teve?

– 3 –
PRIMEIRO ENFARTE

RIO DE JANEIRO, FINS DE 1990

Sofri um enfarte – o meu primeiro enfarte – quando caminhava despreocupado por uma das calçadas da Avenida Rio Branco, no centro do Rio de Janeiro.

O dia não estava quente, uma brisa gostosa vinha dos lados do Obelisco. Em frente ao prédio da Biblioteca Nacional senti a primeira fisgada, uma pontada súbita do lado esquerdo do peito. Na hora, a coisa me pareceu uma coceira, uma pequena contração muscular, um incômodo ligeiro.

Logo pintou uma dor fina, pontiaguda, funda, acompanhada de uma sensação de secura na boca.

Senti, então, a segunda fisgada, essa mais longa do que a primeira. Minhas pernas ficaram bambas, apoiei-me numa árvore, tonto. A dor começava a se irradiar pelo meu braço esquerdo e pescoço. Que merda é essa?

(O barulho do trânsito da Avenida Rio Branco ampliava a minha angústia, invadia meu cérebro, incendiava a minha cabeça, aumentando a minha dor).

Comecei a suar, um suor viscoso e intenso, que aos poucos empapou a minha camisa e os meus cabelos. A tontura me fez rodopiar. Desabei. Sem ter ideia clara do que se passava comigo, disse para mim mesmo: "Estou fodido". Ao mesmo tempo fiquei envergonhado de ser o protagonista daquela cena. Morrer na rua é um vexame. Ninguém merece morrer estatelado numa calçada de pedras portuguesas, sujas de coco de pombo, na presença de estranhos, que olham para você com um misto de indiferença e diversão.

A dor. Uma dor forte, imprevista, que me impedia de respirar. Cruzei os braços à altura do peito. Apertei os lábios. Lembro-me de que pensei: estou cercado de monstros que estão me sufocando. Ouvi frases que me incomodavam:

— O que houve?

— Dói onde, moço?

— Está sentindo o quê?

— Calma, procure ficar tranquilo!

Os monstros que me cercavam se entreolhavam, trocavam comentários, faziam perguntas, uma confusão de vozes, buzinas, ruídos de motor, que me aturdiam e assustavam.

Um dos monstros abaixou-se ao meu lado e disse, em voz baixa, próximo à minha orelha:

— Fique calmo, não se mexa. Vou cuidar de você. Sou médico.

(O trânsito da Avenida Rio Branco não me dava trégua. Era incessante, barulhento, amplificava a dor do meu peito).

De modo imperativo, o monstro que estava ao meu lado ordenou aos monstros que me cercavam:

— Afastem-se, porra! Ele precisa de ar, não estão vendo?

Um monstro aproximou o rosto de mim e, em tom zombeteiro, perguntou ao monstro que me socorria:

— Cachaça, doutor?

O monstro ao meu lado respondeu mal-humorado:

— Não está vendo que esse homem está tendo um enfarte! É melhor sair de perto, porra!

Virou-se para os monstros e gritou a ordem:

— Alguém aí chame uma ambulância! Na Biblioteca tem telefone! Vão lá! Depressa! Antes que ele morra!

O monstro que estava ao meu lado tomou-me o pulso e pediu, quase gritando:

— Alguma coisa para abaná-lo, depressa!

Um dos monstros que assistia a minha agonia entregou-lhe um jornal.

Embora eu não entendesse o que ele falava, as palavras do monstro me tranquilizavam. Ele tirou o paletó, dobrou-o e o pôs sob a minha cabeça.

— Calma, amigo. A ambulância está chegando.

Eu mal conseguia respirar, a dor no peito era quase insuportável. Doía-me o braço esquerdo, a mandíbula, a secura queimava a minha garganta.

(O trânsito infernal da Avenida Rio Branco entrava na minha cabeça, atropelava o meu cérebro).

*****

Fiquei internado durante 11 dias, quatro dos quais na UTI.

Quando fui para o quarto tentei concluir a leitura de *Combate nas trevas*, de Jacob Gorender. Não deu. Não conseguia fixar minha atenção, misturava as palavras e as ideias, confundia o que lia com meus pensamentos confusos e acabava por sucumbir ao sono. *Combate nas trevas* me trouxe lembranças que eu queria esquecer.

Eu estive envolvido na guerrilha urbana, assaltei bancos, troquei tiros com a polícia, vivi longo tempo na clandestinidade, fui ferido, preso e torturado. Saí da cadeia quando um comando da VPR, sob a liderança de Carlos Lamarca, sequestrou o embaixador suíço e exigiu a libertação de 70 presos políticos. Fui um deles. Banido, perambulei por Chile, Cuba, Venezuela, México e Portugal. Voltei ao Brasil em 1979. Amigos meus foram mortos na tortura ou foram sumariamente fuzilados pelos tiras. Mas não vou falar sobre isso agora. Talvez mais tarde. Talvez um dia. Ou talvez nunca. Não gosto de pensar nos meus sofrimentos, embora eles estejam sempre presentes em mim, em tudo que penso, falo e faço.

O médico que me atendeu quando tive o enfarte na Avenida Rio Branco chamava-se Ruy Góes Raposo. Acompanhou o meu internamento e o meu tratamento. Tornou-se meu amigo.

Ruy é médico do Estado, trabalha em dois ou três hospitais da rede pública. Ruy conhece bem as mazelas da medicina dos hospitais públicos do Rio.

— Nos hospitais públicos, Vitor, os médicos são ótimos, mas as condições gerais dos hospitais são de foder!

Contou-me casos estarrecedores, como falta de remédios, de equipamentos básicos, inclusive cirúrgicos, banheiros sujos, sem água. Falou-me ainda dos casos da roubalheira escancarada das verbas hospitalares. Mas diz não reclamar, o exercício da medicina em país do terceiro mundo como o Brasil é assim mesmo, um grande desafio.

— Imagine como deve ser nos cafundós do Brasil, disse, talvez como uma forma de se consolar de ser médico em condições tão precárias na segunda maior cidade brasileira.

Ruy era do Partidão. Também perdera muitos amigos, assassinados pela repressão, gente que ele admirava, como Davi Capistrano, Orlando Bonfim e João Massena. Um dia, ele desabafou:

— Vocês foram fazer uma luta armada sem futuro, sem a menor chance de vencer, mas quem se fodeu fomos nós, que éramos contra a aventura.

Concordei com ele, mas acrescentei:

— Nós também nos fodemos, Ruy. Muitos dos nossos morreram. Muitos desapareceram. Tudo foi muito estúpido.

Após um breve silêncio, o médico suspirou, como quem deseja encerrar a conversa:

— É, perdemos todos.

Quem esteve o tempo todo comigo no hospital foi Clarinha, Maria Clara dos Anjos, minha atual namorada, que foi minha colega na faculdade. Minha ex-mulher, Elizabeth, passou no hospital duas vezes, a primeira delas com as crianças, que ficaram assustadas ao me verem estirado numa cama de hospital. Lincoln, o mais velho, nasceu em 1985; e Isis, a caçulinha, em 1987. Seus nomes foram escolhidos em homenagem a dois companheiros vítimas da ditadura: Lincoln Bicalho Roque, trucidado na tortura, e Isis Dias de Oliveira, presa e assassinada miseravelmente por seus carcereiros. Seu corpo nunca foi encontrado.

Clarinha trabalha na Fundação Getúlio Vargas e está organizando, com um grupo de mulheres bonitas e gostosas, um importante arquivo sobre a história brasileira. Clarinha não gosta que eu diga que ela trabalha com mulheres bonitas e gostosas. Ela diz que é machismo; também acho, mas elas são mesmo bonitas e gostosas, o que posso fazer? Eu e Clarinha não moramos juntos, mas nós nos amamos muito.

Clarinha me pediu um depoimento sobre a luta armada. Eu disse que não.

— Não sou a melhor pessoa para falar sobre isso.

O fato de ter vivenciado toda aquela merda não me capacita a falar sobre ela. Clarinha ouviu minha explicação em silêncio.

— Procure outros. Muitos querem notoriedade, procure esses. Vão falar, vão mentir, vão querer se passar por heróis, é sempre assim. De qualquer maneira, os depoimentos desses caras poderão servir para alguma coisa. Sempre servem.

A luta armada foi um erro político das esquerdas. Não, não me arrependo, não condeno, não critico, nem quero esquecer. As circunstâncias, o momento histórico, a violência dos agentes da repressão nos impuseram a reação armada. Fomos levados à guerra, que, no fundo, sabíamos que seria uma furada. Nós ficamos sem saída. A nossa rebeldia era legítima, embora equivocada.

A ditadura matou muita gente desde 1964. Ao contrário do que dizem alguns historiadores de merda – e no Brasil há muitos –, a ditadura não matou apenas depois do AI-5, baixado em 13 de dezembro de 1968. Quem não se lembra do sargento da Brigada Militar Gaúcha, Manoel Raimundo Soares, morto em 1966? Dos estudantes Edson Luís de Lima Souto, assassinado em março de 1968, e José Carlos Guimarães, fuzilado em outubro do mesmo ano, para citar apenas três casos emblemáticos?

Manoel Raimundo foi preso, barbaramente torturado e, por fim, garroteado. Seu corpo apareceu boiando no Rio Jacuí, com os pés amarrados e as mãos atadas às costas. Seu assassinato ficou conhecido como o "caso das mãos amarradas". Uma crueldade como tantas que foram praticadas no Brasil na época.

Edson Luís de Lima Souto foi morto com um balaço no peito – balaço dado por um policial militar, que, na época, foi identificado, mas não preso. Edson Luís era um menino pobre, natural de Belém, que dependia do restaurante popular do Calabouço para se alimentar. A ditadura resolveu fechar o restaurante para construir no local um viaduto ou um trevo, sei lá, uma merda dessa qualquer. Houve uma manifestação. A repressão chegou atirando nos estudantes desarmados.

José Carlos Guimarães tinha 20 anos e estudava no Colégio Marina Cintra, São Paulo. Foi morto por um tiro na cabeça disparado do telhado da Universidade Mackenzie, durante a chamada batalha da Maria Antônia. O assassino, membro do Comando de Caça aos Comunistas (CCC), nunca foi identificado.

Entre 1964 e 1968, a ditadura matou ou fez desaparecer mais de 30 opositores, fora os muitos que foram presos, torturados e depois soltos: só em 1964, ocorreram mais de 50 mil prisões no país. O número exato é desconhecido.

A luta armada foi uma reação à violência da ditadura, que foi se intensificando a cada dia, na medida em que muitos perceberam que o golpe militar tinha sido uma roubada.

O golpe militar fez eclodir, em todo o país, uma onda de violência jamais vista. Em Recife, no dia 2 de abril, o ex-deputado federal Gregório Bezerra foi amarrado ao para-choque de um jipe do exército e arrastado pelas ruas da capital pernambucana. Gregório, então com 64 anos, foi agredido, chutado e torturado. Em Brasília, mais de setecentas pessoas foram presas nos primeiros dias de abril, metade dos quais trabalhadores. No interior, pequenos ditadores faziam o diabo: em Conselheiro Lafaiete, Minas Gerais, o delegado de polícia local enviou telegrama para os jornais do Rio de Janeiro se vangloriando de ter prendido 15 líderes trabalhadores. Enquanto a violência campeava, O Globo, de 4 de abril, comemorava: "Ressurge a democracia no Brasil!". Cinismo puro.

Em *Torturas e torturados*, livro de 1966, o jornalista Márcio Moreira Alves relatou centenas de casos de violência, tortura e assassinatos ocorridos desde os primeiros dias de abril de 1964. Foi o primeiro livro a descrever, com base em depoimentos de vítimas e de familiares de vítimas, as variadas formas de torturas, entre as quais o pau de arara, choques elétricos, tenazes, afogamentos e geladeira. Citou nomes de torturadores e assassinos de presos políticos, entre os quais tiras do Dops, oficiais das polícias militares e das três forças armadas. Negar que houve tortura e mortes de 1964 a 1968 é falsificar a história.

Não quero falar sobre a luta armada agora. Seria como ficar esfregando uma ferida mal curada. Falar sobre a luta armada é trazer lembranças que ainda doem em mim. Se não posso nem quero esquecer, também não desejo ficar remoendo, o que seria uma forma de me martirizar.

Clarinha, cercada de historiadoras bonitas e gostosas, não concorda comigo, acha que a história deve ser lembrada e escrita, mas respeita os meus motivos. Não sei se as historiadoras bonitas e gostosas também respeitam os meus motivos. Nunca conversei com elas sobre o assunto. Talvez me considerem um babaca ou um filho da puta. Mas isso pouco me importa. Eu quero que elas se fodam. Não simpatizo com elas, embora reconheça que são bonitas e gostosas. Eu amo a Clarinha. E ela me ama, apesar de mim, do que sou e fui, apesar do meu machismo.

*****

Clarinha ficou comigo, na minha casa, enquanto eu me recuperava. Cuidou de mim como se fosse minha mãe ou uma esposa amantíssima. Como diz o seu nome, ela é um anjo. No plural.

Ruy me passou um papel datilografado com todas as instruções que eu deveria seguir. Tinha que abandonar o cigarro, caminhar pelo menos uma hora por dia, tomar três ou quatro remédios (uso contínuo), alimentar-me frugalmente (nem pensar em frituras e comida gordurosa), dormir pelo menos oito horas por noite, evitar o álcool e o estresse. "Tome conta dele, Clara".

Fiquei uns dez dias em casa me recuperando. Quando me senti melhor, fui ao *Correio da Tarde*, jornal em que trabalhava. Fui recebido com carinho pelos colegas. Fiquei emocionado.

Meu chefe e editor do *Correio*, Heleno Fraga, perguntou se eu estava bem, e sem esperar minha resposta quis saber quando eu voltava ao batente.

— O *Correio* está sentindo sua falta!

*****

SANTA RITA DO SAPUCAÍ, FINS DE 1949

A família ia voltar para o Rio de Janeiro. Eu não entendia direito o que estava acontecendo. Vi os preparativos e acompanhei a logística da mudança: vi os móveis indo embora, vi minha mãe arrumando as malas, vi meus pais se despedindo dos amigos, vi emoção na nossa despedida.

Eu fui olhar, pela última vez, o meu quintal. O abacateiro. O limoeiro. O muro. Não havia mais galinhas ciscando, mas certamente as formigas continuavam o seu labor, andando sempre em fila. Cadê a lagartixa? Sentiriam falta de mim?

Eu estava triste, mas não chorei na hora. Porém senti que iria ter saudades, muitas saudades, talvez viesse a sofrer. Eu sabia que ia chorar muito.

Meu pai veio me buscar:

— Vamos, Vitor. Temos que pegar o trem.

Joaquim percebeu que eu estava triste e segurou minha mão. Era a sua maneira de me fazer um carinho.

Olhei mais uma vez para o abacateiro. Foi meu último olhar para a árvore alta, folhuda, esguia, que dava sombra ao meu mundo. Vi, lá no alto, no topo da árvore, no último galho, um abacate. Enorme. Muito verde. Mostrei a Joaquim:

— Pai, olha aquele abacate.

Joaquim procurou:

— Onde?

— Ali. – Apontei.

O pai localizou:

— Ah!

Pedi:

— Eu posso levar ele comigo?

— Não temos tempo, Vitor. Vamos logo. O trem não vai esperar.

Segurou a minha mão e me arrastou.

Conduzido por Joaquim, que me puxava pela mão, virei o rosto e pela última vez estendi o meu olhar para o quintal da casa de esquina. Logo o meu mundo desapareceu do alcance dos meus olhos.

Entrei pela última vez no calhambeque. Ao volante, Gonçalo estava com os olhos vermelhos.

— 4 —
PIAUÍ

RIO DE JANEIRO, INÍCIO DOS ANOS 1950

Alguma coisa o meu pai fez.

Nunca perguntei a Joaquim porque nós tivemos que sair de Santa Rita do Sapucaí. Não perguntei a ele, nem a ninguém, mas tenho certeza de que alguma coisa ele aprontou (Um dia, fiz a pergunta à Estrela: "Pergunta ao seu pai", respondeu ela).

Bem, algumas coisas eu sei. Mulher – casada ou solteira – certamente não foi: Joaquim era muito moralista e Estrela não aceitaria. Bebida? Também não: nunca vi meu pai beber sequer um reles copo de cerveja. O que foi então? Talvez alguma desavença no emprego, briga com o patrão. Mas que tipo de desavença, que briga?

Sei apenas que saímos de Santa Rita do Sapucaí com uma mão na frente outra atrás, como disse, um dia, a minha mãe, com ódio do meu pai. Como não tínhamos onde morar no Rio de Janeiro e com Joaquim desempregado, ficamos hospedados no apartamento de uma tia solteirona, tia Hortência, irmã do meu pai.

Com tia Hortência morava minha avó, mãe de Joaquim, que não perdia a chance de recriminar o filho, meu pai, como se ele fosse uma criança. Nunca vi minha avó elogiar meu pai, nem dirigir a ele uma palavra de estímulo ou carinho.

Eu nunca entendi o meu pai. Acho mesmo que ninguém nunca o entendeu, a começar por minha avó e minha mãe. Tia Hortência falou-me, um dia, de uma queda que Joaquim sofrera quando criança, que o fizera perder os sentidos e ficar de molho muitos dias. A queda, segundo ela, afetara os miolos do meu pai. Tia Hortência falou isso a sério.

"Não foi por falta de aviso", disse certa vez minha avó. "Eu avisei à Estrela que Joaquim não tinha juízo, nem nunca teria. Joaquim nasceu com a sina de perdedor. Vai ser sempre um perdedor. Estrela casou com ele porque quis, agora não pode reclamar. Eu avisei, não avisei?". Minha avó disse isso na presença de Estrela, dos netos e da tia Hortência. Todos, inclusive meu pai, ouvimos minha avó em silêncio. Ninguém ousava discordar ou questioná-la.

A lengalenga da minha avó a respeito de Joaquim incomodava minha mãe. Com o passar dos anos, percebi que minha avó tinha alguma razão. Mas ela não precisava ser tão cruel com o filho.

Minha avó era uma típica matriarca nordestina, mulher brava, autoritária. Nasceu em 1881, na cidade de Cabrobó, Pernambuco, região produtora de cebola e maconha. Ela tinha um jeito ríspido de falar com as pessoas, mas eu, pessoalmente, gostava dela – e, presumo, ela de mim.

Minha tia Hortência morava num edifício de apartamentos colado ao Parque Guinle, na Rua Gago Coutinho, no bairro das Laranjeiras. Edifício Aranha Filho, um figurão que chegou a presidente de um dos institutos de previdência e aposentadorias, creio que do IAPFESP (Instituto de Aposentadoria e Pensões dos Ferroviários e Empregados em Serviços Públicos), extinto depois do golpe militar de 1964.

Na origem, o Parque Guinle era uma antiga chácara adquirida por Eduardo Guinle, onde ele pretendia edificar sua residência. Hoje, a imensa mansão construída pelo ricaço é conhecida como Palácio Laranjeiras, residência oficial do governador, quando, em minha opinião, deveria ser um museu ou um centro cultural. Governador não pode morar em palácio, principalmente num palácio suntuoso como aquele. É uma afronta ao povão pobre e miserável do Rio.

Na entrada do Parque há um majestoso portão de bronze, com leões alados que guardam o local. O Parque Guinle ocupa uma área de aproximadamente 25 mil metros quadrados. É formado por um grande lago, alamedas, pontes, muitas árvores, inclusive frutíferas, e plantas tropicais de várias espécies. Foi no Parque Guinle que eu vi pela primeira vez uma jabuticabeira. Ela está lá até hoje, ao lado de uma pequena ponte de mármore sobre um córrego artificial.

Eu fiquei encantado com o Parque Guinle. Bem verdade que ele não me fez esquecer o quintal da casa de esquina, mas em termos de espaço e belezas, o Parque Guinle era – e ainda é – insuperável.

O Rio de Janeiro era, na época, uma cidade tranquila; tão tranquila que minha mãe nos mandava ir brincar no Parque: "Vão para o Parque, meninos, vão!". Não havia perigo algum.

Hoje, as mães preferem que os filhos fiquem em casa, como se isso os livrassem dos perigos e da violência da vida. A garotada não reclama porque prefere ficar em casa diante da televisão (passivo observador da violência pelos noticiários e filmes), do computador, do celular e do tablet, manejando aqueles joguinhos estúpidos. A garotada perdeu o hábito de brincar na rua, o que a faz não aprender, desde cedo, o que é a vida real. Estou falando da garotada das classes média e alta. Os meninos pobres, que moram nos morros, favelas e alagados, são parte da rua violenta que todos nós, de uma maneira ou de outra, ajudamos a florescer e se transformar num problema praticamente insolúvel.

Minha mãe sentia-se humilhada por estar vivendo de favor na casa da minha tia Hortência. E mais humilhada ela ficava quando minha tia e minha avó ralhavam comigo ou com meus irmãos. É aquilo de sempre: em casa de velho, parente ou não, criança não pode mexer em nada. Eu vivia ganhando esporro, como se fosse um intruso naquela casa.

Muitas vezes vi minha mãe chorando no quarto que ocupávamos no apartamento da minha tia. Ela realmente se sentia humilhada.

*****

Em 1950, a Gago Coutinho era praticamente uma rua de casas, sobrados antigos e terrenos baldios. Em frente ao Edifício Aranha Filho, bem na esquina da curva em ângulo reto da Rua Gago Coutinho, havia um sobrado, que funcionava como um cortiço ou cabeça de porco. Cada cômodo do sobrado servia de moradia a uma família.

No cortiço da Rua Gago Coutinho morava o primeiro amigo que fiz no Rio de Janeiro, o Piauí. Claro, o nome de batismo não era Piauí, mas eu nunca soube o seu verdadeiro nome. Ou, se soube, esqueci.

A família de Piauí era muito pobre. Eram seis pessoas: pai, mãe e quatro filhos. Piauí era o filho menor da família. Tinha a minha idade. O pai do meu amigo trabalhava na construção civil, era peão e carregava baldes de massa de cimento para cima e para baixo, um trabalho estafante e cruel, quase escravo. Ele bebia muito e espancava os filhos e, provavelmente, a mulher. Piauí nunca me disse que apanhava do pai, mas às vezes ele aparecia cheio de equimoses no rosto, nos braços e nas pernas. Eu perguntava, ele desconversava, mas eu sabia.

Uma vez, eu o encontrei atrás de uns arbustos folhosos que margeavam o lago do Parque Guinle. Nos anos 1950, homem não podia chorar – nem se levasse muita porrada ou sofresse algum desgosto ou humilhação. Piauí se escondera para chorar sozinho, longe das pessoas. Ninguém podia vê-lo chorar. Seria vergonhoso. Ele poderia ser chamado de mulherzinha ou de veado. No mínimo, diriam que ele era maricas ou frouxo. Homem não chora era a primeira lição de vida que recebíamos, naqueles tempos, em casa e na rua.

O rosto dele estava cheio de marcas vermelhas, tinha um pequeno corte no supercílio direito, o sangue já coagulara e adquirira uma estranha cor púrpura, iguais às das chagas do Cristo de uma gravura que até hoje Estrela tem na parede do seu quarto. Piauí me olhou e murmurou, com um misto de tristeza e ódio: "Um dia, mato ele", o que me provocou susto e medo. O "ele" era o próprio pai.

Joaquim me bateu uma vez só, quando eu mandei o padre Rafael Baresi, do Colégio Santo Antonio Maria Zaccaria, à puta que o pariu. Um palavreado indigno de um menino cristão e de família, disse padre Rafael ao meu pai, após ouvir o meu pedido de desculpas. Joaquim escutou a arenga do padre Rafael em silêncio. Quando chegamos em casa, ele me cobriu de porrada, muito mais porque tivera de ouvir o sermão do padre.

Estive na bica de ser expulso do Zaccaria, mas acabei sendo perdoado pelo padre Rafael em troca de muitas orações que ele me obrigou a rezar depois das aulas e do pau que levei de Joaquim.

*****

Não sei quanto tempo morei no apartamento da minha tia Hortência. Talvez um ano ou quase isso.

Um dia, minha mãe tomou a mim e ao Mário pelas mãos e disse, com orgulho:

— Vamos ver a nossa nova casa.

Ela estava feliz. Nunca vi minha mãe tão feliz.

*****

Preciso contar um pouco da história da minha família; uma família conservadora. Minha avó paterna era pernambucana, nascida na cidade de Cabrobó; isto eu creio que já disse. Casou-se, em 1895, com meu avô, que era sergipano, da atual cidade de Divina Pastora. Ela tinha 14 anos. Meu avô tinha 35 anos. Era viúvo e pai de seis filhos do primeiro casamento. Eu não conheci meu avô paterno (ele morreu em 1931).

Meu avô era proprietário de engenho de açúcar (o Unha de Gato, em Divina Pastora) e de fazenda em Alagoas (a Boasica, em Penedo). Era rico. Tinha casa em Propriá (Sergipe), Aracaju, Salvador e Rio de Janeiro, na Rua Itapiru, no bairro da Tijuca. Minha avó era uma mulher de personalidade muito forte e cuidou dos filhos (entre eles, o meu pai) na base da rédea curta. Joaquim tinha 19 anos quando o pai dele morreu.

O pai do meu avô, meu bisavô, chamava-se João Gomes de Mello, o Barão de Maruim, oligarca e escravagista que durante décadas mandou e desmandou na província de Sergipe. Foi no engenho Unha de Gato, que pertencia na época ao meu bisavô, que ficou decidida a transferência, em 1855, da capital da província de São Cristóvão para o vilarejo arenoso de Aracaju, atendendo, assim, aos interesses dos produtores de açúcar da região do Rio Cotinguiba (atual rio Sergipe), entre os quais, naturalmente, incluía-se o próprio Barão de Maruim.

A família do meu pai era refinada e muito conservadora, com exceção do meu pai, que era meio largadão, muito solto e pouco dado a sofisticações e ao discurso udenista e reacionário da mãe e dos irmãos. Joaquim, além de todos os defeitos já apontados, tinha, para eles, mais uma falha imperdoável: admirava Getúlio Vargas.

Segundo se conta na família, Joaquim, quando jovem, adorava uma farra e, pelo que ele me contou, quando foi morar no Rio tornou-se amigo de Noel Rosa, entre outros compositores e cantores. Um dia, meu pai (eu estava com ele) encontrou-se com o compositor Alcir Pires Vermelho, autor de *A casta Suzana* (com Ari Barroso), *Canta Brasil* (com David Nasser) e *Onde o céu azul é mais azul* (com Braguinha e Alberto Ribeiro), e o encontro dos dois foi de velhos amigos. Eu testemunhei. E fiquei orgulhoso. Estrela cantava, com muita graça, as músicas de Alcir Pires Vermelho.

Interessante essa amizade de meu pai com músicos e cantores, pois ele não sabia cantar, não tocava nenhum instrumento e muito menos era compositor. Na verdade, Joaquim era desafinado demais. Estrela, ao contrário, era muito afinada. Tinha voz de contralto. Cantava muito bem. E tinha bom repertório.

Minhas tias, inclusive tia Hortência, que nos hospedou quando chegamos de Santa Rita do Sapucaí, estudaram em colégios finos e aprenderam pintura e a tocar piano e bandolim, o que era chique e digno de moças de boa família. Meu pai estudou no Pedro II, que durante anos foi um dos melhores estabelecimentos de ensino do Brasil (talvez seja ainda hoje, não sei). Tenho comigo alguns boletins de Joaquim; não era um estudante excepcional. Suas notas eram médias, algumas altas, outras baixas.

Meu pai deve ter aprontado poucas e boas na infância e na juventude, pois minha avó jamais escondeu que o achava desmiolado. Às vezes, em momentos de irritação, ela dizia que o filho era "irresponsável". Minha avó dizia isso diante de qualquer pessoa ou plateia, inclusive dos netos e de Estrela. Ela devia ter lá os seus motivos, afinal Joaquim era filho dela. Ela o tinha gerado, parido e educado. Não tinha também do que reclamar. Joaquim nunca reclamou ou respondeu às espinafrações da mãe. Ao pai e à mãe não se responde. Era uma lei pétrea da época e da família, até os adultos a seguiam.

A família do meu pai empobreceu do dia para a noite, mas isso era assunto tabu, ninguém falava a respeito. Meu avô já tinha morrido, a bancarrota deve ter sido coisa dos filhos dos dois casamentos e da briga inevitável pela divisão do espólio ou do que sobrou da grana e bens do meu avô. Sei que os irmãos dos dois casamentos do meu avô não se davam. Não sei o motivo, nunca me disseram. A família de Joaquim tinha segredos invioláveis.

Não eram sequer permitidas perguntas sobre o assunto. O certo é que meu pai foi rico até pouco mais dos 25 anos e, até então, tinha todos os seus problemas resolvidos pela força da grana que meu avô deixara. Quando se tornou pobre e, principalmente, quando se casou, meu pai, que já era confuso e desorganizado, de certa maneira, desatinou. Ele não permanecia por muito tempo nos diversos empregos que teve – era demitido ou pedia demissão como quem bebe um copo d'água, daí ser chamado de "irresponsável", de "sem juízo", de "perdedor" pela minha avó e, depois, quando o casamento deles começou a se deteriorar, pela minha mãe.

A verdade é que Joaquim não soube – ou não quis – aproveitar as oportunidades que teve ou apareceram em sua vida. Havia um enorme e definitivo desajuste entre meu pai e a vida. Ortega y Gasset disse que o homem é o homem e suas circunstâncias. Para Joaquim, ele era só ele, as circunstâncias que se fodessem. Desconfio que ele não tinha consciência disso.

Mas uma coisa é preciso reconhecer: meu pai era um sujeito boníssimo, solidário e, a seu modo, respeitava os filhos. Depois que se casou nunca mais bebeu. Quando ele morreu, em 1985, eu tinha 43 anos, e nunca o vi beber sequer um copo de cerveja. O jovem farrista, que se embriagava nos botequins da Tijuca quando era rapaz, tinha se transformado, depois de casado, num homem caseiro e abstêmio. Joaquim era uma pessoa inexplicável, não lembro quem me disse isso a seu respeito. Inexplicável, sem juízo, irresponsável e, no fundo, infeliz e angustiado – esse era Joaquim, meu pai. Um homem a quem disseram que não seria nada na vida e que, de tanto ouvir isso, deixou-se levar, quase sem reação. Ele certamente tinha pena de si mesmo, o que é, talvez, o pior dos sofrimentos.

Minha avó – reconheço – tinha certa razão em chamá-lo de "sem juízo" e de "derrotado", mas a irresponsabilidade dele tinha origem em suas virtudes. Meu pai ajudava todo mundo, mesmo aqueles que não mereceriam sequer o seu cumprimento. Joaquim tinha um coração do tamanho de um bonde: era um sujeito capaz de dar a um estranho a camisa que estava vestindo ou o dinheiro que tinha no bolso. Joaquim fazia isso sem cobrar nada ou medir as consequências. E, principalmente, sem pensar na família.

Joaquim aprontou tantas, mas tantas, que a relação dele com minha mãe foi azedando paulatinamente. A minha impressão, que eu não tenho como comprovar, é que Joaquim não tinha a menor noção dos erros e das falhas que cometia. Ele fazia e desfazia a seu bel-prazer e mostrava-se sinceramente surpreso quando percebia ou era alertado da merda que fizera. E não só isso: Joaquim às vezes chegava ao ponto de não considerar errado a merda que fizera. Em minha opinião, Joaquim não era propriamente irresponsável, era inconsciente. Vá lá: inconsciente da própria irresponsabilidade.

A separação dos meus pais não me causou surpresa, acho apenas que ela foi tardia. Não foi uma separação consensual, madura, acordada, civilizada. Os dois tiveram uma discussão explosiva. Meu irmão Mário evitou o pior, que eles se agredissem ou se matassem. Eu não estava em casa nesse dia. Não presenciei a cena. Ainda bem.

Meu pai recolheu o que pode numa mala e foi embora.

Sem dinheiro, sem saber o que fazer, frustrado, extremamente infeliz, ele se instalou numa pensão vagabundérrima da Rua do Catete.

No dia seguinte eu o localizei. Fui visitá-lo. Ele me olhou e teve uma crise de choro, que me emocionou e me fez chorar também. Senti muita pena dele. Ainda hoje tenho. E muita saudade.

*****

Rasguei o meu coração ao escrever sobre o meu pai.

*****

A família de minha mãe, ao contrário da do meu pai, era muito pobre. Meus avós maternos tiveram nove filhos: três mulheres (entre elas, Estrela e Vanda) e seis homens.

Meus tios, irmãos de Estrela, tinham idolatria pelo meu pai, que desde que conheceu minha mãe passou a ajudar no sustento da casa dos meus futuros avós maternos. Joaquim sempre foi muito carinhoso com os irmãos de Estrela, que eram crianças na época.

Claro, meu pai era rico e estava apaixonado pela minha mãe, que, de início, não queria nada com ele. Meu pai foi insistente. Minha mãe acabou aceitando se casar com meu pai, inclusive porque a família dela, principalmente meus avós, fez uma baita pressão nesse sentido. É possível que todos da família de minha mãe se sentissem em dívida com Joaquim.

No fundo, eu penso que meus avós maternos, com o casamento da filha, esperavam que meu pai continuasse a ajudá-los, o que era um pensamento equivocado: Joaquim continuaria a ajudá-los, mesmo que não tivesse se casado com Estrela. Ele não era homem de atitudes ou vinganças mesquinhas.

Estrela e Joaquim se casaram em 1939. Residiram em Penedo, Alagoas, onde eu e meu irmão Mário nascemos. Depois nós nos mudamos para Aracaju, onde ficamos cerca de um ano.

Da capital sergipana meus pais seguiram de navio para o sul, indo residir em Santa Rita do Sapucaí.

*****

Lembram-se do padre Rafael Baresi, que eu, num momento de raiva, mandei à puta que o pariu? Como eu disse, o sacana me aplicou o seguinte castigo: todos os dias, durante um mês, eu teria que ficar depois das aulas na capela do Zaccaria rezando. Eu só podia sair quando ele, pessoalmente, dispensava-me.

Um dia, ele não apareceu na hora de me mandar embora. Lá para as tantas, a noite foi chegando, e ele nada de vir me dispensar. Resolvi ir atrás dele. Foi um ato de coragem, pois a minha decisão poderia significar abandono do castigo, e isso só iria piorar as coisas para o meu lado. Andei pelo prédio do colégio, fui até a secretaria, mas os funcionários já tinham ido embora. Ninguém.

Fui, então, ao teatro da escola, que era dirigido justamente pelo padre Rafael. Ele tocava um acordeão chatíssimo, o que o fazia pensar que era músico ou, pior, artista. O teatro funcionava sempre às primeiras quartas-feiras do mês; às vezes, padre Rafael organizava um show musical com alunos, às vezes fazia exibição de filmes, às vezes dirigia a encenação de peças teatrais.

Entrei no teatro pela porta da frente, que estava apenas encostada. O teatro estava às escuras, não tanto que eu não pudesse caminhar em direção ao palco pelo corredor entre as cadeiras. Enquanto caminhava, eu ia repetindo, em voz baixa, quase um sussurro: "Padre Rafael!".

Subitamente, dei de cara com o padre e o que vi me aterrorizou: padre Rafael estava sem batina, vestido apenas de cueca samba-canção, camiseta regata, meias, sapatos e – horror! – pau duro!

As pernas brancas e curvas do padre Rafael lembravam as de um jóquei, os cabelos desalinhados davam-lhe uma aparência demoníaca. Uma mulher, de sutiã e calcinha, surgiu de repente, e ao se deparar comigo agarrou o braço do vigário: "Valha-me, meu Jesus!", exclamou.

Diante de tão nefanda cena, mal pude balbuciar:

— Posso ir embora, padre?

Ao mesmo tempo em que tentava vestir a batina e se desvencilhar da mulher, que chorava copiosamente e o agarrava pelas costas, padre Rafael também balbuciou:

— Pode. Amanhã, assim que chegar, você venha conversar comigo. Esperarei, ouviu?

Minhas pernas estavam bambas, e bambas ficaram até o momento em que contei o episódio a Joaquim, que riu muito ao ouvir a minha história.

— Será que ele vai me punir de novo?

— Não, certamente. Mas vou dar um conselho a você. Não conte o que viu a ninguém.

No dia seguinte fui conversar com padre Rafael. Ele pôs a mão no meu ombro. Saímos a conversar pelo pátio. Depois de muitos rodeios, ele disse:

— Vou suspender a sua punição a partir de hoje. – Fez uma pausa e acrescentou: – Mas em troca você vai ter que esquecer o que viu ontem.

Eu não disse nada, apenas balancei afirmativamente a cabeça. Ele fez questão de apertar minha mão. Entre sorrisos falsos e pérfidos nos separamos. Lembrou-me:

— Temos um compromisso de honra. Não se esqueça!

No dia seguinte, todo o colégio comentava a história do padre Rafael, que, diante do tremendo escândalo, teve que se afastar.

Tempos depois circulou a história de que padre Rafael viajara às pressas para a Itália, terra dos seus pais. Comentou-se, ainda, que a mulher que estava com ele naquele estonteante entardecer era irmã do padre reitor, que ficara uma fera ao tomar conhecimento das aventuras da mana.

Anos depois, eu soube por um ex-colega de turma que o padre Rafael largara a batina e fora residir numa cidade do interior do Paraná, onde tinha parentes.

*****

Quando entramos no apartamento onde íamos morar, minha mãe estava tão feliz e emocionada que teve uma crise do choro. Eu e meu irmão Mário ficamos sem saber o que fazer. Nós nos entreolhávamos, olhos bem abertos, assustados, enquanto a minha mãe, as mãos cobrindo o rosto, chorava encostada de lado na parede recém-pintada.

O apartamento era menor que o apartamento da minha tia Hortência, mas para minha mãe ele tinha um significado especial: aquele apartamento era a sua libertação, uma espécie de carta de alforria, um grito de independência. O apartamento – e isso era o que importava – era dela, ali ela viveria o resto da vida.

A aspiração maior de Estrela era ter uma vida de pequena burguesa, na qual ela cuidaria dos filhos e o marido do sustento da casa. O marido ideal de Estrela teria trabalho fixo, bom salário, sairia e voltaria do trabalho sempre no mesmo horário; ao voltar para casa traria o jornal da tarde e o pão da noite. O marido ideal de Estrela era o oposto do seu marido real – Joaquim, meu pai. O choque entre o ideal e o real minou o casamento dos velhos. A frase é banal, lembra a história do feijão e do sonho, mas a vida é repleta de banalidades.

Pois bem, indo morar naquele apartamento, minha mãe estava se libertando da humilhação – para ela, insuportável – de morar de favor na casa da minha tia Hortência. Estava, sobretudo, libertando-se do autoritarismo da minha avó e de seus constantes comentários sobre Joaquim. Bem verdade que os comentários e as críticas da minha avó sobre o meu pai não eram destituídos de razão, mas eles, na época, enfureciam minha mãe, talvez mais irritada com a passividade do marido, que se deixava humilhar em silêncio. No futuro, cansada das estripulias de Joaquim, Estrela, com ódio na voz, usaria contra Joaquim as mesmas palavras utilizadas pela minha avó.

*****

O apartamento, enfim, era uma libertação, mas ao mesmo tempo era um porto seguro, um sonho que Estrela via se transformar em realidade. Um porto tão seguro que minha mãe fincou nele amarras indestrutíveis. Uma conquista. As lágrimas da minha mãe tinham esse significado.

Jamais passou pela cabeça de Estrela sair daquele apartamento, trocá-lo por outro, mais espaçoso e confortável. Ela, até hoje, mora nele. Ela tem 96 anos e vive há mais de sessenta anos entre as paredes do apartamento.

Quando penso no sentimento de Estrela ao entrar no apartamento que seria nosso, eu me lembro de Bibiana Terra Cambará, personagem do romance *O tempo e o vento*, de Érico Veríssimo, ao ir morar no sobrado, casarão que viria a se tornar símbolo da cidade de Santa Fé. O sobrado fora construído em cima da antiga terra de Pedro Terra, pai de Bibiana; terra que lhe fora surrupiada por um agiota chamado Aguinaldo Silva. Bibiana, viúva do capitão Rodrigo Cambará, mãe de Bolívar, decidiu, certa noite, "tomar" o sobrado e, assim, de forma indireta, recuperar a terra roubada de seu pai. Estimulou o namoro do filho Bolívar com a filha de Aguinaldo, Luzia. Quando Bolívar e Luzia se casaram, Bibiana, no melhor estilo matriarcal, assumiu o sobrado, que se tornou, enfim, moradia da família Terra Cambará. O trecho que se segue mostra o momento em que Bibiana tomou a sua decisão.

"Estava resolvido: ia tomar o sobrado. Não de assalto, aos tiros, como o capitão Rodrigo. Agora não havia nenhuma pressa. Era mulher, tinha paciência, estava acostumada a esperar... Que era um ano, dois anos, dez anos? Um dia, Aguinaldo morre, Bolívar fica dono de tudo, eu volto para as minhas árvores, vou ver nascer os filhos do meu filho, vou ajudar a criar meus netos...".

Bem, a história não é exatamente igual, mas a obstinação de Estrela aproximava-se bastante da de Bibiana.

*****

O apartamento em que fomos morar era um dos 256 apartamentos de um imponente edifício, *art déco*, inaugurado em 1945. O prédio imenso tinha 19 andares e fora financiado pelo Instituto de Aposentadoria e Pensões dos Bancários (IAPB), uma das muitas instituições previdenciárias por categorias profissionais criadas no Brasil nos anos 1930. Essas instituições previdenciárias seriam extintas logo após o golpe militar de 1964. Suas atribuições foram unificadas no Instituto Nacional de Previdência Social (INPS), hoje Instituto Nacional de Seguro Social (INSS). Foi uma das grandes besteiras do regime militar.

Em seu livro de memórias, *A lanterna na popa*, Roberto Campos, autor da unificação (por decreto) dos Institutos de Previdência, reconheceu: "A medida foi bastante controvertida à época e a experiência posterior demonstrou que a intenção foi melhor que os resultados. O gigantismo da Previdência, que se tornou o maior orçamento da República, expôs a instituição à deterioração dos serviços". Campos ainda observou que o "IAPB (bancários), o IAPC (comerciários) e o IAPI (industriários) apresentavam viabilidade orçamentária". Os demais poderiam ser reorganizados.

O Edifício dos Bancários era uma maravilha arquitetônica. Tinha cinco blocos de apartamentos, cinco elevadores sociais e quatro de serviço e duas portarias suntuosas: uma voltada para a Rua Senador Vergueiro (n.º 200), outra para a Rua Marques de Abrantes (n.º 157). As duas portarias eram unidas por um longo e largo corredor, cujas paredes e piso eram revestidos de mármore rosa e branco.

Cabe explicar que o apartamento dos Bancários era, na época, propriedade do IAPB, cujo presidente era primo de Joaquim, logo, sobrinho de minha avó. Embora devesse ser ocupado por bancários, o IAPB estabelecera que certo número de apartamentos poderia ser alugado a outros interessados, inclusive a não bancários. O nome de Joaquim foi incluído na lista de pretendentes dos apartamentos por interferência direta do primo.

Quando os apartamentos dos institutos previdenciários extintos foram vendidos aos seus ocupantes, Joaquim e Estrela não mais viviam juntos. Como ela trabalhava, pôde finalmente adquiri-lo com seus próprios recursos. Joaquim não entrou com um centavo sequer. Os apartamentos do Edifício dos Bancários foram vendidos a longuíssimo prazo e pelo valor histórico, sem correção. Uma pechincha!

Fiz muitos amigos nos Bancários. Alguns já morreram (meus amigos têm a péssima mania de morrer cedo), a maioria está por aí, dispersa. Nos Bancários fizemos tudo o que um bando de jovens e adolescentes faziam na época: namoramos, vivenciamos nossas primeiras experiências sexuais (empregadas domésticas e namoradas), saímos no pau com turmas rivais, jogamos bola (racha ou pelada, na gíria da época), fizemos zorra e escandalizamos moradores. Fomos à praia (do Flamengo), ao Maracanã, ao cinema, brigamos entre nós, fizemos concurso de punheta. Nada de novo no *front*.

O meu mundo, antes limitado ao quintal da casa de esquina e ao Parque Guinle, ampliou-se agora pelos bairros do Flamengo, Catete e Botafogo.

— 5 —
EDIFÍCIO DOS BANCÁRIOS

RIO DE JANEIRO, ANOS 1950

Quando nos mudamos para o apartamento dos Bancários, o Brasil já tinha perdido do Uruguai, frustrando os brasileiros da conquista da Copa do Mundo. Eu não gostava de futebol, por isso não consegui entender quando minha tia Hortência chorou por causa da derrota.

Joaquim era flamenguista, Mário tornou-se tricolor. Tiago, anos depois, seguiria a preferência clubística do pai. Eu não era nada. Eu não gostava de futebol, logo eu não torcia por nenhum clube.

Em 1952, no feriado da independência do Brasil, Joaquim, à custa da promessa de refrigerantes e sanduíches, subornos que eu aceitei radiante, convenceu-me a ir ao Maracanã com ele. Jogavam o Vasco da Gama e o Bangu, que, na época, era um dos grandes clubes do futebol carioca, ou seja, do Distrito Federal.

O Maracanã encantou-me, pois descobri que o "maior do mundo" tinha luz própria e um poder único de sedução (Não sei se o Maracanã de hoje, reformado a peso de ouro para os jogos da Copa de 2014, tem tais predicados. Acho que não). O Maracanã – o velho Maraca – me hipnotizou e me fez gostar de futebol.

Escrevi, certa vez, que não saberia dizer o motivo pelo qual Joaquim me levou ao Maracanã. Verdade. Ele não torcia pelo Vasco, nem pelo Bangu, então por que arrastara ao Maracanã em pleno feriado de Sete de Setembro justamente o filho que não gostava de futebol? Jamais fiz tal pergunta ao pai, mas desconfio que ele quisesse companhia para ir ver o Zizinho jogar. O pai tinha muita admiração pelo atacante banguense, que, antes, jogara no Flamengo.

O Maracanã me deslumbrou e me fez perder o fôlego, como se fosse um mundo novo que eu acabara de descobrir. Não estou exagerando.

Cristóvão Colombo ou Pedro Álvares Cabral, diante das terras que descobriram, devem ter sentido o mesmo que eu senti naquela tarde.

Segue a súmula técnica do primeiro jogo de futebol que vi no velho Maraca, em 7 de setembro de 1952, dia em que me tornei torcedor perpétuo do Vasco da Gama:

Vasco 6 x 2 Bangu

Vasco: *Barbosa; Augusto e Haroldo; Ely, Danilo e Jorge; Edmur, Ipojucan, Ademir, Maneca e Chico.*

Bangu: *Osvaldo Topete; Rafanelli e Tórbis; Djalma, Zózimo e Lito; Reis, Vermelho, Zizinho, Menezes e Nívio.*

Gols: *Maneca (3), Ipojucan (2) e Ademir para o Vasco; Zizinho e Menezes para o Bangu.*

Árbitro: *Thomas Tudor.*

Público total: *51.845 pessoas.*

Público pagante: *51.547 pessoas.*

Renda: *Cr$ 763.633,00.*

No dia seguinte, a manchete do jornal *A Noite* era: "A derrocada banguense no Maracanã".

É interessante destacar que o valor do ingresso médio da partida era da ordem de quinze cruzeiros, o equivalente a 1,5% do salário-mínimo da época. Como, na época, os jogos do campeonato carioca ocorriam apenas aos fins de semana, nota-se que o torcedor gastava cerca 6% do salário-mínimo para assistir a todos os jogos do seu time no mês. O povão, naquela época, podia perfeitamente frequentar o Maraca. Hoje, pelo que sei, os preços dos ingressos afastaram grande parte do povão dos estádios (que nem mais estádios são, mas "arenas"), como se viu na Copa do Mundo.

Como Joaquim, naquele dia tornei-me admirador de Zizinho. O craque banguense foi, a meu ver, um dos cinco maiores jogadores brasileiros de todos os tempos. Os outros foram: Nilton Santos, Pelé, Garrincha e Ademir Menezes. E eu vi – e aplaudi – os cinco em campo, esbanjando talento, arte e formosura.

Daquele dia em diante, passei a ir ao Maracanã com certa regularidade. Fui duas ou três vezes sozinho, inclusive uma vez na velha geral, mas na maioria das vezes fui com meus amigos dos Bancários, nas arquibancadas.

*****

RIO DE JANEIRO, 1958 OU 1959

Eu teria o quê? Uns 16, 17 anos. Nessa época, joguei charme sobre uma jovem chamada Clarice, que não morava nos Bancários, mas num prédio próximo, na Rua Marques de Abrantes n.º 110. Clarice tinha 15 anos, o corpo razoavelmente bem-feito, mas, como descobri depois, não chegava aos pés da mãe, uma semicoroa bonita e atraente. Perguntei à Clarice se ela queria me namorar. Ela topou.

Uma tarde, Clarice e eu estávamos passeando pela praia de Botafogo quando ela disse que tinha uma coisa para me dizer. Perguntou, com algum dengo, se eu não iria ficar zangado. Pensei: "Lá vem merda". Mas respondi que não, que não iria ficar zangado.

Clarice me falou que a mãe dela tinha ficado puta quando soube do nosso namoro. "Por quê?", indaguei, sem entender. Clarice me explicou: "Ela não gosta da turma dos Bancários".

— Mas não gosta por quê?

Clarice baixou a voz:

— A fama de vocês...

— Fama? Que fama?

Clarice não respondeu. Nem precisava. Não era segredo que nós, dos Bancários, tínhamos fama de desordeiros, o que era mais uma manifestação de preconceito do que outra coisa. É certo que nós fazíamos nossas bagunças, mas nada que fosse tão grave como era propalado.

É preciso dizer que nos anos 1950, os termos desordeiro, bagunceiro, maconheiro, mau elemento e, sobretudo, transviado (ou *playboy*) tinham sentido depreciativo – em bom português: esculhambativo e desmoralizante. Eram ofensas sérias, injúrias usadas contra os jovens pelos mais velhos, pela polícia e, sobretudo, pela imprensa. Li muitas matérias jornalísticas denunciando o que chamavam de "gangues de transviados", "turma de *playboys*", "bando de maconheiros", "corriola de marginais". Meninas de famílias – dizia-se – não podiam se aproximar dessa gente.

A sociedade brasileira é muito preconceituosa, mas a sociedade brasileira daqueles idos era dominada por preconceitos bem mais tacanhos e enraizados que os de hoje. Bem verdade que discretas fissuras já se anunciavam nos valores sociais dominantes, mas elas só iriam aflorar com maior ímpeto e clareza na segunda metade dos anos 1960.

Como sempre acontece, a geração mais antiga, educada nos anos 1930 e 1940, ou seja, sob o tacão de uma sociedade ainda mais atrasada e conservadora, refratária às mudanças, não compreendia nem aceitava os novos ares que começavam a soprar, que se manifestavam, inclusive, na rebeldia inconsequente e sem causa dos jovens. Como não entendiam ou não aceitavam o que se passava, os mais velhos e os mais conservadores viam os jovens como arruaceiros, pré-marginais, futuros delinquentes ou bandidos – não necessariamente nessa ordem, pois para alguns rebeldia era sinônimo de banditismo.

É bom lembrar que a expressão juventude transviada, genericamente sugerida, nasceu no filme *Rebel without a cause*, de Nicholas Ray, lançado em 1955. No Brasil, o filme recebeu o título de *Juventude transviada*.

Visto pelos olhos de hoje, o filme era uma besteira: o ator James Dean, que morreria aos 24 anos de idade num acidente de automóvel, era Jim Stark, um rapazola que vivia se metendo em encrencas. Devido ao seu comportamento *transviado*, ou seja, desviado do chamado bom caminho, do caminho ditado pelas boas e cristãs famílias, Jim Stark vivia inúmeras peripécias, inclusive a do final do filme, com trágicas consequências.

A vestimenta do transviado, uma colagem terceiro-mundista da roupa usada por James Dean/Jim Stark, era peculiar: calças jeans (na época dizia-se "calças americanas" ou "rancheiras"), casaco de couro ou jaqueta de pano vermelho, óculos escuros, usados inclusive à noite. Os cabelos dos transviados eram besuntados de brilhantina, o que facilitava a montagem de grotescos topetes, com um discreto rabicho caprichosamente caído na testa.

Todos traziam nos bolsos canivetes, soqueiras ou correntes para o caso de brigas. Os que tinham grana ostentavam moto ou lambreta.

Os transviados andavam sempre em grupo e muitas vezes foram responsáveis por agressões covardes contra desafetos, grupos menores ou transeuntes anônimos, que eram impiedosamente surrados ou feridos por uma única razão: a gangue de transviados não tinha ido com a cara dos agredidos. Nós, dos Bancários, jamais fizemos isso. Nós saímos no pau com outras turmas, é verdade, mas jamais cometemos qualquer tipo de covardia contra uma pessoa, um desafeto ou uma turma menor.

Nos anos 1950, episódios de curra ou estupro (algo que existe ainda hoje, em pleno século XXI) eram sempre atribuídos aos transviados. Dizia-se, inclusive, que o estupro era o esporte preferido dos transviados, tirando, claro, as brigas de turma e os entreveros com a polícia.

Em julho de 1958, a trágica morte da estudante Aída Curi, que foi jogada (ou se atirou) do 12º andar de um prédio por não ter aceitado as propostas de dois rapazes, que desejavam estuprá-la ou currá-la no terraço de um edifício da Avenida Atlântica, transformou-se na confirmação de tudo aquilo que se dizia dos jovens da época. Os dois rapazes acusados eram, segundo os jornais, transviados, *playboys*, delinquentes juvenis, que ficaram enfurecidos com a recusa da moça e decidiram matá-la.

As versões sobre o caso foram muitas, inclusive uma de que a moça, decidida a defender a sua virgindade, "preferira morrer a ser desonrada", como escreveu o jornalista Davi Nasser, que moveu intensa campanha contra os dois rapazes. Todas as versões do caso, porém, pretendiam demonstrar os descaminhos da juventude em geral. Os dois rapazes acusados da morte de Aída Curi tornaram-se símbolos da juventude transviada, dos maus elementos, dos jovens desordeiros.

Muitos sociólogos, jornalistas e políticos escreveram e discursaram na época sobre o fenômeno da juventude transviada, acentuando e generalizando exemplos sórdidos como o supracitado. Mas não quero escrever sobre isso: o meu propósito foi mostrar o alcance das palavras da mãe de Clarice a respeito da turma dos Bancários. Éramos, para ela, uma turma de transviados e desordeiros. Ela não queria que a filha namorasse um transviado e desordeiro.

*****

— Sua mãe não tem o direito de me julgar.
— Ela disse que queria conhecer você.
— A mim? Pra quê? Pra me sacanear?

— Ela é assim mesmo.

— Assim mesmo como?

— Confusa.

— Porra, mas antes mesmo de me conhecer ela foi logo me julgando.

— Ela quer me proteger.

— Proteger? Proteger de quem? De mim?

A mãe de Clarice se chamava Laura. Era separada do marido. O pai de Clarice era advogado. Trabalhava num daqueles ministérios da Avenida Antonio Carlos, no centro do Rio de Janeiro.

*****

RIO DE JANEIRO, MEADOS DE 1952

Joaquim nunca se preocupou com os estudos dos filhos. Nunca conversou conosco sobre notas, nunca sentou conosco para fazer as tarefas de casa, nunca nos perguntou sobre nossas dificuldades ou facilidades escolares. A única vez que Joaquim esteve no Colégio Santo Antônio Maria Zaccaria foi quando eu estive na bica de ser expulso por ter mandado o padre Rafael Baresi à puta que o pariu, edificante episódio que relatei anteriormente. Sou o único filho de Joaquim que fez graduação e pós-graduação universitária – uma decisão minha, exclusivamente. Meus irmãos ficaram no ginásio.

Estrela demonstrou alguma (pouca) preocupação com nossos estudos, mas jamais soube nos demonstrar o que sentia, nem tinha condições de nos ajudar. Joaquim, filho de gente rica, fizera o curso de Agronomia. Estrela, filha de pais pobres, muito pobres, mal passara da alfabetização.

A meu respeito, Estrela tinha um medo adicional, que nada tinha a ver com os estudos: ela temia que eu fosse ser, no futuro, tão desmiolado como Joaquim. Era um medo que ela não tinha em relação aos meus irmãos, principalmente em relação a Mário. Por quê? Não vou especular.

Não vou contar nenhuma vantagem, mas eu era um bom aluno em todas as matérias, menos em Matemática. Em Matemática eu era sofrível, passava com dificuldade, raspando, mas passava. Em História, Geografia, Português e Latim eu tinha notas boas. Mas meus pais não me consideravam um bom estudante, talvez devido às constantes reclamações da direção do colégio acerca do meu comportamento.

Nessa época eu estudava no Colégio Santo Antonio Maria Zaccaria, o velho Zacca, cujas normas disciplinares eram severas e controladas pelo padre João, que reprimia os meninos aos berros e, às vezes, aos puxões de orelha, o que, diga-se, não excluía os já referidos gritos. Quando padre João dava um esporro num aluno, o prédio do colégio tremia e todos baixavam a cabeça. A pedagogia daquele tempo, já sem palmatória, era foda!

Joaquim era um homem prático: um dia, perguntou-me de cara se eu ia passar de ano. Eu não entendi a pergunta, que era surpreendente, vinda de Joaquim.

— Se você passar e não ficar em nenhuma segunda época vou lhe dar um presente.

— Qual?

— Você quer ir passar as férias em Penedo?

Topei na hora: eu sempre quis conhecer a minha cidade, e o preço disso era baixo, pois eu ia mesmo passar de ano, como sempre passei. Eu era levado, levadíssimo, mas estudioso. Talvez por isso os padres me aguentassem, embora padre João, padre Baresi e padre Guffanti, um italianão sanguíneo, tenham mais de uma vez me ameaçado de expulsão.

Eu era mesmo indisciplinado. Minha avó, mãe de Joaquim, dizia que eu tinha um bicho carpinteiro dentro de mim, que eu era um menino muito irrequieto. Ela também me chamava de bagunceiro, mas nunca me chamou de irresponsável e – acredito – nunca me julgou um desajustado. Irresponsável, desajustado e fracassado eram adjetivos reservados unicamente para o filho dela, meu pai.

Se fosse hoje, eu seria chamado de criança hiperativa. Hiperatividade é um distúrbio difundido por psicólogos vadios que querem apenas arrancar grana dos pais e entupir as crianças de remédios de tarja preta. As crianças engolem as drágeas, ficam mais ou menos dopadas, quietas, e os pais felizes, certos de que estão fazendo o melhor pelo filho.

Criança levada é criança levada – e ponto. Hoje, o pai ou a mãe não pode sequer dar uma palmadinha na bunda do filho (não estou falando em surra ou em espancamento, entendam o que eu digo), mas podem fazer a criança engolir uma droga qualquer, que a deixa borocoxô ou meio abobada. Uma puta sacanagem que os pais e médicos temerários fazem com a criança. Criança levada tem que ser educada como criança levada: com reprimendas, castigo, esporro, compreensão, paciência, por aí. Joaquim dizia que criança levada é criança com saúde.

Viajei para Penedo sozinho, recomendado à tripulação. Eu tinha apenas 10 anos. O avião era um Douglas DC-3, bimotor, daqueles que tinham uma rodinha na traseira, de modo que ele, pousado, ficava inclinado. O corredor do avião era uma ladeirinha.

Naquele tempo o voo era uma odisseia, mas valia a pena: até chegar a Penedo (sim, Penedo tinha um aeroporto, a pista era de terra) o avião parava em Vitória, Nanuque (às vezes parava também em Prado ou Alcobaça, no sul da Bahia), Salvador e Aracaju. Em cada um desses lugares, os passageiros desembarcavam enquanto o avião era reabastecido, limpo e ajustado. Curti o meu primeiro voo, uma sensação que nunca voltei a sentir. Ele durou horas. Não tive medo, mas pouco antes de chegar a Salvador me senti tonto e vomitei naqueles sacos de plásticos que as companhias oferecem aos passageiros. Odeio vomitar.

Hoje, os aviões voam a 11, 12 mil metros. Os velhos Douglas DC-3 certamente voavam a uns seis ou sete mil metros, de sorte que era possível apreciar a paisagem lá de cima. Foi o que fiz durante quase todo o voo. Vi rios, lagos, plantações, matas, cidades, trechos de mar, praias, uma beleza. O voo foi uma diversão, tirando, é claro, a minha crise de vômito.

As viagens atuais, embora bem mais rápidas, são chatíssimas. Você fica espremido em cadeiras desconfortáveis, duras e apertadas. Da janela não se vê nada, a não ser nuvens e a mancha de terra lá embaixo. Você não consegue distinguir nada, não observa nada. Hoje, quando entro em avião, fecho os olhos e durmo, ou leio.

Em Penedo, reencontrei parentes queridos, entre os quais tia Vanda, que, em Santa Rita do Sapucaí, leu para mim a obra infantil de Monteiro Lobato. Ela, em parte, é responsável pelo que sou, ou seja, leitor compulsivo. Ela e Monteiro Lobato me ensinaram a ler. E a gostar de ler. Devo isso aos dois.

Sempre gostei de ler. Lembro-me que no Zaccaria, um professor, o Morgado, veio conversar comigo.

— Notei que nos recreios você está sempre lendo.

— Eu gosto de ler, professor.

— Amanhã vou trazer um livro para você.

No dia seguinte, o Morgado me procurou e me deu de presente o livro *Kon-Tiki*, de Thor Heyerdahl. Kon-Tiki era o nome do barco de junco e troncos de árvore que Thor e alguns amigos (todos dinamarqueses) construíram, e nele atravessaram o Pacífico, saindo do porto de Callao, no Peru. Thor queria provar que os incas tinham sido capazes de fazer aquela viagem num barco rústico como o que construiu. Os incas, segundo Thor, atravessaram o Pacífico, chegaram e colonizaram a Polinésia. Não sei se é verdade, mas a história me encantou.

Gostei muito do livro. Eu o tenho até hoje, com uma dedicatória simpática do Morgado: "Ao Vitor, para mais inflamar o seu gosto pela leitura dos bons livros".

Isso aconteceu no início de 1955. Eu tinha 12 anos.

*****

Nos anos 1950, Penedo tinha 20 mil habitantes. Hoje, tem mais de 60 mil. E continua a crescer.

Eu gostava mais de Penedo dos anos 1950. Recentemente estive lá. Muitos carros, muitas motocicletas, muito barulho. Soube que uns idiotas (não sei se residentes ou políticos) estão fazendo um movimento no sentido de asfaltar as ruas de pedra. As pedras das ruas mais antigas do lugar. Penedo foi fundada em 1560. Tem sentido asfaltar as ruas do centro histórico de um local de mais de 450 anos?

Quando estive lá pela primeira vez, Penedo era mais gostoso, as pessoas se conheciam, poucas pessoas tinham carro ou motocicleta. A vida era mais calma e as pessoas tinham menos pressa. Perdíamos por completo o contato com o Rio, pois não havia televisão, as comunicações telefônicas eram nulas. Nada mais gostoso do que viver em Penedo, cercado de Penedo, só em Penedo.

Como eu ficava cerca de dois meses, Estrela me escrevia. As novidades eram as mesmas. Ela me perguntava se eu estava gostando, dava alguns conselhos, pedia que eu me comportasse e, sobretudo, que eu não deixasse de ir ver meus avós, os pais dela. Eu visitava meus avós pelo menos duas vezes por dia. Cidade pequena tem uma vantagem: tudo é perto de tudo.

*****

PENEDO, INÍCIO DE 1953

Duas coisas me encantaram nessa primeira viagem a Penedo: a visão do Rio São Francisco e a descoberta do caju, uma fruta que eu jamais vira em toda minha vida. Caju, naquela época, era fruta exclusivamente nordestina. Não era encontrada no Rio.

O caju é uma fruta excepcional. Não sei se os leitores já repararam no cheiro do caju: há cheiro mais gostoso? E o sabor? E a consistência?

Muitos anos depois, comprei num sebo um livro precioso: *O cajueiro nordestino*, do poeta pernambucano Mauro Mota, editado pelo Serviço de Documentação, do Ministério da Educação e Cultura.

Não vou resumir nem analisar o livro de Mauro Mota, mas destacar alguns pontos que julgo essenciais. A um dos capítulos do livro, Mauro Mota deu o título de "A devastação", em que observa que "no caso de árvore frutífera, nenhuma foi, até hoje, mais destruída do que o cajueiro nordestino".

As primeiras derrubadas, no início da ocupação da Terra de Santa Cruz, tinham por objetivo o uso da madeira em obras. A madeira do cajueiro é dura e resistente. Depois – e aí a coisa ficou braba mesmo –, foi na fase de expansão da lavoura canavieira. O cajueiro fazia parte da mata costeira nordestina. É impossível calcular quantos cajueiros, ao longo da zona da mata nordestina, foram derrubados para que houvesse o plantio de cana. Milhões de pés, com certeza.

Quem vê um caju supõe que a fruta é o pedúnculo floral, ao qual se agarra um caroço único, a castanha. Segundo os manuais de botânica, a castanha é um aquênio, portanto, o verdadeiro fruto do cajueiro. Aquênio é um tipo de fruto normalmente seco, indeiscente (não abrem para liberar a semente), carregando, em geral, uma única semente. O caju, que saboreamos e com o qual nossas mães e avós faziam doces (secos ou em calda) maravilhosos, é a chamada pseudofruta. A verdadeira fruta do cajueiro é a castanha.

Na verdade, tudo em Penedo era uma grande novidade para mim. Mas eu gostava especialmente de me sentar numa mureta (em frente à Igreja Nossa Senhora da Corrente) e ficar observando o Rio São Francisco "fluindo alagoanamente em direção ao mar", como escreveu o poeta Lêdo Ivo, alagoano de Maceió.

Hoje, o São Francisco é um rio ferido, desde suas nascentes, na Serra da Canastra, em Minas Gerais, à sua foz.

Quando o Velho Chico passa por Penedo exibe as chagas da violência que ele sofreu ao longo dos seus quase 2,9 mil quilômetros de extensão. A natureza criou o rio, deu luz e cores às suas águas, embelezou as suas margens, mas o homem e, principalmente, as ditas autoridades e os interesses econômicos, tão infames como inconsequentes, saquearam e feriram gravemente o chamado rio da integração nacional, construindo barragens e mais barragens, que afetaram negativamente o regime de águas do Velho Chico. Agora mesmo, tecnocratas pouco esclarecidos e desfrutáveis bolaram a tal transposição do São Francisco, uma obra inútil e perigosa, fruto de mentes doentias e estúpidas, pois não irá resolver nem amenizar os efeitos das secas do sertão.

Eu ficava ali na mureta, sozinho, curtindo a visão do São Francisco, dos barcos, dos meninos nadando no rio, na maior curtição. Eu nunca nadei no São Francisco, pois tinha medo de ser atacado por piranhas, o que era um pensamento errado, sei disso hoje.

Meus parentes costumavam passar férias numa praia alagoana, o Pontal de Coruripe. A praia era bem primitiva, mas foi uma das paisagens mais maravilhosas que vi na vida. Fiz amigos lá, como o Zé da Tonha, filho de pescador.

O Pontal não tinha luz elétrica ou água encanada, mas me deu a oportunidade de ver coisas que jamais esqueci. Coisas, aliás, que jamais verei de novo, pois foram destruídas.

Depois da casa de esquina em Santa Rita do Sapucaí, do meu mundo no quintal da casa de esquina, o meu Penedo e o meu Pontal, como eu os conheci nos anos 1950, são duas outras saudades que carrego comigo.

*****

Da mesma forma que os cretinos tecnocratas defendem a transposição do Rio São Francisco, uma obra desnecessária que ameaça o meio ambiente de uma vasta região no Nordeste, outros cretinos tecnocratas, associados a políticos sem escrúpulos, estão querendo implantar um estaleiro no Pontal de Coruripe, destruindo um belíssimo manguezal, que a natureza fez nascer ao longo de uma parte da praia.

Não sei o que o estaleiro representará para a região ou para o Brasil. Talvez valha muito, talvez ele seja imprescindível ao nosso crescimento. Talvez o estado de Alagoas precise mesmo de um estaleiro, dos empregos que o estaleiro gerará. Não sei. Mas por que construí-lo logo ali, destruindo um ecossistema perfeito, como é (ou era) aquele manguezal que eu conheci quando era ainda um menino? Por quê? Só pode ser falta de escrúpulos dos defensores do projeto.

De uma coisa eu tenho certeza. O estaleiro não resolverá, nem de longe, os problemas de Alagoas, sejam eles econômicos ou sociais. O povo alagoano é pobre, muito pobre, paupérrimo, e ostenta os piores índices sociais do país, equiparáveis apenas aos do Maranhão, feudo de Sarney.

Não vou desfiar números para descrever a miséria do estado, mas chamo a atenção para o fato de que, em 2011, 30,5% dos alagoanos auferiam renda situada entre meio e um salário-mínimo. Se a eles somarmos a população inteiramente sem renda, o percentual sobe para 63%. É preciso dizer mais alguma coisa? O estaleiro de Coruripe resolverá tal problema? É claro que não.

Quase metade (45%) da população alagoana é analfabeta. Alagoas tem a menor expectativa de vida e o maior índice de mortalidade infantil entre todos os estados brasileiros. Segundo o Instituto Brasileiro de Geografia e Estatística (IBGE), o alagoano vive em média 66 anos. Lá, entre mil nascimentos morrem, em média, 52 crianças. O estaleiro de Coruripe ajudará na superação desse quadro social? É óbvio que não.

O estado de Alagoas é dominado por uma oligarquia e por uma escumalha política que não valem o chão que pisam. Bem verdade que não há em Alagoas nada que não encontremos no resto do país. O que diferencia a oligarquia alagoana das oligarquias de São Paulo e do Rio de Janeiro é a sofisticação jeca das últimas. Na essência, porém, são iguais. O estaleiro de Coruripe afetará o poder da oligarquia alagoana? Ao contrário.

Em Alagoas, o clientelismo, o nepotismo, a visão privada das coisas públicas, o uso da violência, em que pontificam assassinos profissionais, tudo isso é fortemente potencializado naquele estado.

Jorge Oliveira, em *Curral da morte*, cita uma frase do alagoano e ex-deputado Tenório Cavalcanti, o homem da capa preta, que resumiu tudo: "Alagoas sempre foi a terra da antropofagia. Ou não se lembram de que foi lá que os índios comeram o bispo Sardinha? Em Alagoas, toda família tem um assassino ou um assassinado. Naquela terra, quem não morreu, já matou".

Felizmente, Alagoas deu ao Brasil notáveis figuras, como Graciliano Ramos, Alberto Passos Guimarães, Aurélio Buarque de Holanda, Jorge de Lima, Pontes de Miranda, Manoel Diégues Júnior, Guimarães Passos, Ledo Ivo, Nise da Silveira, Théo Brandão, Arthur Ramos, Heckel Tavares, Augusto Calheiros, Hermeto Pascoal, Cacá Diégues e Zumbi.

São de alagoanos como esses que eu, como alagoano, tenho orgulho.

PENEDO, INÍCIO DE 1957 OU 1958

Penedo tinha outros atrativos. Um deles era a sua – digamos – zona boêmia, o Camartelo. Na verdade, o Camartelo era o bairro dos puteiros da cidade, que alguns penedenses chamavam de "casas de raparigas" ou de "pensões". As mulheres do Camartelo davam dó: eram exageradamente exibidas, usavam excesso de maquiagem, adoravam mostrar as pernas malfeitas e cheias de marcas e varizes, e inundavam-se de loções vagabundas, que me davam crises de espirro e enjoo.

Uma noite, passeando pelo Camartelo (sim, passeando, pois eu não sentia a menor vontade de foder com as mulheres da zona boêmia de Penedo, pelas razões já expostas), vi, de longe, um parente meu conversando animadamente com uma "dama". Por mim, tudo bem; não julgo ninguém por esse tipo de coisa. Procurei me ocultar de modo a evitar um encontro que para ele seria certamente constrangedor.

Dias depois, como quem não quer nada, aproximei-me daquele parente e disse:

— Hoje vou dar um bordejo no Camartelo.

Ele olhou para mim e disse apenas:

— Cuidado. Lá tem muito maloqueiro.

Não sei se ainda hoje existe a zona do Camartelo. Acho que não. Pensões, zonas, *rendez-vous,* puteiros, casas de mulheres ou de raparigas praticamente desapareceram à medida que os tempos e as convenções morais e sociais mudaram. Dos anos 1950 aos anos 2000, alguns preconceitos (nem todos) foram modificados.

De qualquer forma, confesso: era divertido sapear no Camartelo.

— 6 —
COMUNISTAS

RIO DE JANEIRO, 1955 OU 1956

Foi nos Bancários que, pela primeira vez, eu soube da existência de comunistas no mundo. A verdade é que eles eram muitos no edifício (e nas adjacências), a começar por Agildo Barata, responsável, em 1935, pelo comando da rebelião comunista no 3º RI, na Praia Vermelha. Nos anos 1950, ele residiu nos Bancários, época em que se desligou do PCB por divergências com o Comitê Central, conforme ele mesmo contou em *Vida de um revolucionário*.

No fim da vida, amargurado ou descrente da ideologia que o fizera lutar, sofrer, ser preso e permanecer longos anos longe dos amigos e da família, Agildo sofreu um derrame e teve o lado esquerdo do seu corpo prejudicado. Foi um lutador, um líder, um homem extraordinário. Um comunista convicto e sincero como poucos que conheci, embora de longe. Graciliano Ramos, em *Memórias do cárcere*, faz referências elogiosas a ele, destacando a sua tenacidade e capacidade de liderança.

Joaquim nunca fez carga contra os comunistas, inclusive porque, segundo ele, tinha alguns amigos comunistas, gente que ele gostava e respeitava. Nunca ouvi Estrela falar a respeito de comunistas ou do comunismo, talvez ela nem soubesse do que se tratava.

Nós tínhamos uma vizinha de porta, chamada Yeda, que, na juventude, tinha sido do Partido Comunista Brasileiro. Ela era muito amiga de D. Maria Barata, mulher de Agildo Barata, outra pessoa sobre a qual Graciliano escreveu.

Yeda era um amor de pessoa, sempre solícita, compreensiva e inteligente. Era casada com um médico psiquiatra, um sujeito esquisito, mandão, muito culto e autoritário chamado Ítalo. Eu, rapazinho, conversava com Yeda e Ítalo assuntos que jamais me passou pela cabeça tratar com Joaquim, muito menos com Estrela.

Tive um amigo nos Bancários, o nome dele era Luís Carlos (em homenagem a Prestes), cujo pai era dirigente do Partido Comunista Brasileiro. Não recordo o nome do pai do Luís Carlos (para facilitar a narrativa, vou chamá-lo de Boris), mas eu gostava de ir ao seu apartamento. As paredes da sala eram coalhadas de livros, que também se espalhavam, em pequenos montes, sobre móveis, cadeiras e cantos dos cômodos.

Todo mundo dizia que os comunistas eram o diabo, queriam escravizar as pessoas, roubar as crianças dos pais, dominar a alma e a mente do povo. Meu tio Belarmino, irmão de Joaquim, era anticomunista de carteirinha e maçom. Ele acreditava que os comunistas eram demônios travestidos de gente. Eu olhava para o pai de Luís Carlos e não conseguia ver nele a personificação do diabo.

Boris usava um bigode à Stalin, fumava muito, era formal e conversava conosco com voz pausada, calma, segura. Era bancário, mas seria facilmente tomado como um professor. Um bom professor, por sinal.

Ele nos contava muitas histórias sobre a União Soviética, o heroísmo do povo soviético durante a luta contra os nazistas e a construção do socialismo, repleta de sacrifícios e sofrimentos. Repetia, com sincera emoção, que a União Soviética perdera mais de 20 milhões de pessoas na II Grande Guerra, o que era verdade. Boris falava muito de Lênin e de Stalin, a quem chamava de "guia do povo soviético" ou de "guia da construção do socialismo". Falou-nos também de alguns intelectuais comunistas, como Jorge Amado, Dalcídio Jurandir, Eneida de Morais, Portinari, Graciliano Ramos, Alina Paim, entre outros.

Um dia, Boris nos explicou como seria o Brasil socialista. Ouvi eletrizado. À noite, conversei a respeito com Joaquim, que, após me olhar fixamente, disse apenas: "Devagar, Vitor. Devagar". Meu pai sempre dizia isso quando me via entusiasmado ou excitado com alguma coisa.

— Devagar, meu filho.

Quando Nikita Kruschev denunciou os crimes de Stalin, em 1956, durante o XX Congresso do Partido Comunista da União Soviética, Boris sofreu uma crise depressiva braba, que lhe valeu um enfarte que quase o matou. Foi levado às pressas para o hospital, onde ficou internado por semanas.

Tive pena dele, compreendi o alcance do seu sofrimento e sua decepção, afinal ele aprendera a ver Stalin como um governante generoso, boníssimo, interessado apenas na edificação segura do socialismo e no bem-estar da humanidade. Boris superou a crise cardíaca, mas nunca mais foi o mesmo, acho. Perdeu a crença e a esperança. Era triste vê-lo sem aquela antiga chama, sem aquele velho entusiasmo. Nada dói mais do que a perda das ilusões – na vida, na política e no amor.

Naquela época eu já tinha o hábito de ler, mas o pai de Luís Carlos orientou algumas leituras minhas, o que foi ótimo, pois ele me fez conhecer autores que talvez eu não fosse ler tão cedo.

Por sugestão dele li Victor Hugo, Emile Zola, Lima Barreto, Eça de Queirós, Romain Rolland, Dostoievski, Stefan Zweig, muitos outros. Li, também, os romances da Editorial Vitória, editora do Partido Comunista Brasileiro, tais como *Espártaco*, de Howard Fast; *Primeiras alegrias*, de Konstantin Fédin; *Terra e sangue*, de Mikhail Sholokhov; *A colheita*, de Galina Nikolaieva; *A lã e a neve*, de Ferreira de Castro; *Assim foi temperado o aço*, de Nikolai Ostrovski, livros que, na época, impressionaram-me bastante. Gostei demais dos livros do português Ferreira de Castro, especialmente de *A selva*, ambientado na Amazônia.

Boris – é claro – me emprestou ou me deu também textos de literatura marxista. Tentei ler, mas na época não entendi porra nenhuma. Achei-os entediantes.

*****

RIO DE JANEIRO, 1958 OU 1959

Fui à casa de Clarice temendo o pior. A mãe dela, pelos meus cálculos, poderia engrossar comigo. E eu estava disposto a responder grosseria com grosseria.

Para surpresa minha, Laura me recebeu educadamente, embora mantendo distância e frieza. Após me olhar de cima a baixo, perguntou como eu ia e me informou que gostava de receber os amigos da filha. Nenhuma vez se referiu a mim como namorado da filha.

— O Vitor vai me ajudar a fazer o exercício de Geografia, explicou Clarice.

Laura limitou-se a dizer "Sei", como se duvidasse da minha capacidade de ajudar a filha num reles exercício escolar.

Laura virou-se para a filha e disse que ia descansar um pouco, pois tivera um dia péssimo no trabalho. Pediu desculpas e nos deixou a sós na sala.

*****

RIO DE JANEIRO, 1955 OU 1956

Em meados dos anos 1950, transferi-me do Santo Antonio Maria Zaccaria para um colégio da rede pública municipal, o Souza Aguiar, cujo endereço não podia ser melhor: Rua Gomes Freire, no bairro da Lapa, ao lado do Teatro República, em frente ao prédio do Correio da Manhã, um dos grandes jornais brasileiros.

Para ser admitido no Souza Aguiar tive que fazer uma prova de conhecimentos gerais, uma espécie de vestibular. Foi um acontecimento marcante na minha vida, não só porque desafogou o combalido bolso de Joaquim, como me proporcionou contato com grandes professores, que marcaram a minha vida.

Pode parecer estranho aos mais jovens, mas naquele tempo o ensino público no Rio de Janeiro tinha uma qualidade que o fazia rivalizar e até superar as melhores escolas privadas. Exemplo clássico, sempre citado, era o Pedro II, mas o Souza Aguiar não ficava atrás em matéria de ensino e excelência.

> Um amigo meu, a quem conheci no Souza Aguiar, contou-me a seguinte história:
>
> *Em 2003, uma instituição privada de ensino superior convidou-me para dar um curso para professores de 2º grau da rede pública. A princípio, não aceitei. As aulas comprometeriam as manhãs de oito sábados seguidos e eu tinha planos de aproveitar as minhas manhãs de sábado em coisas mais aprazíveis, inclusive dormir até mais tarde.*
>
> *Mas o coordenador do curso, que era meu conhecido, insistiu tanto que acabei aceitando. Logo na primeira manhã ocorreu-me a infeliz ideia de fazer à turma (cinquenta professores) uma pergunta: quantos livros vocês leram nos últimos seis meses? O silêncio da turma obrigou-me a refazer a pergunta: e nos últimos doze meses? A turma permaneceu em silêncio. Fiquei puto e engrossei: alguém aqui já leu pelo menos um livro na droga da vida?*
>
> *Acreditem: apenas dois professores levantaram a mão. E só um se lembrava do título do livro que lera.*
>
> *Como esses professores vão criar nos alunos o hábito da leitura se eles próprios não têm esse hábito?*
>
> Eu não soube responder à pergunta do meu amigo.

*****

RIO DE JANEIRO, 1958 OU 1959

Prestei atenção em Laura. Era uma semicoroa bonita. Tinha entre 35 e 40 anos. Corpo magro, mas parecia ter coxas torneadas e rijas. A bunda e os seios eram proporcionais – bunda e seios elegantes e sorridentes, se é que me faço entender. Usava pouca maquiagem no rosto (como eu gosto) e os cabelos castanhos eram bem cuidados. Clarice, cá entre nós, não chegava aos pés da mãe.

RIO DE JANEIRO, 1954 OU 1955

Quando me transferi do colégio Santo Antonio Maria Zaccaria para o Souza Aguiar tive uma grande surpresa. Pela primeira vez, eu passei a ter colegas negros, mulatos e pobres, residentes em bairros longínquos, que o compositor e escritor Nei Lopes chamou de "hinterlândia carioca": Ricardo de Albuquerque, Madureira, Brás de Pina, Pavuna, Bento Ribeiro, Méier, Encantado, Deodoro, Ilha do Governador, Olaria, Penha.

O Zacca era um colégio de classe média alta. Muitos alunos eram filhos de empresários, de diplomatas, de políticos, fora os estrangeiros – adidos, cônsules, embaixadores. Alguns colegas meus chegavam ao Zacca em carros suntuosos, com chofer. Posso dizer, sem errar, que todos os alunos do Zacca moravam na zona sul, nos bairros mais sofisticados.

Claro, muitos alunos do Zacca eram de classe média – eu e Mário, por exemplo –, mas aluno negro ou mulato não tinha nenhum no colégio. Havia, sim, um professor negro, o Pompílio da Hora, que residira durante muitos anos na Itália (daí o seu forte sotaque) e que, além de trabalhar no Zacca, era professor de latim do Pedro II. Mas o Pompílio da Hora era uma exceção.

O Souza Aguiar era uma escola pública e gratuita, onde negros, mulatos e pobres podiam estudar – e receber aulas de notáveis professores. Não sei como é hoje, mas me parece que raras são as escolas públicas brasileiras (não só do Rio) que oferecem ensino com qualidade semelhante ao do velho Souza Aguiar. Não sei.

A minha transferência do Zaccaria para o Souza Aguiar foi uma experiência inesquecível na minha vida. Minha visão de mundo sofreu uma grande transformação. Tenho a certeza de que o Souza Aguiar melhorou muito a minha maneira de ver o mundo.

RIO DE JANEIRO, 1958 OU 1959

Fiquei tão absorvido com o exercício e com os beijinhos que Clarice me dava a todo instante que esqueci completamente de Laura. Pus a mão entre as coxas quentes de Clarice, que se contorceu toda.

— Não, não, por favor. Mamãe pode aparecer!

— Ela deve estar dormindo. Deixa só um pouquinho. Vá, deixa.

— Mas ela pode aparecer – gemeu Clarice, abrindo um pouco mais as pernas, de modo a facilitar o avanço dos meus dedos rumo a sua xoxota.

RIO DE JANEIRO, 1955 OU 1956

A primeira mulher que eu comi chamava-se Doralice.

Eu tinha 14 ou 15 anos. Doralice me disse que tinha 25 anos. É possível que ela tivesse mais do que isso, mas a idade verdadeira de Doralice jamais me preocupou. Ela foi a primeira mulher que eu comi – e é isso o que me basta.

Lembro-me perfeitamente como tudo começou. Eu vivia de olho na bunda, nos peitos e nas pernas de Doralice, que, contou depois, fingia – "Só fingia, neguinho" – me ignorar. Achava-me "bonitinho", disse. Um dia, entramos os dois sozinhos no mesmo elevador dos Bancários e, para meu susto e minha glória, Doralice me agarrou e ficou se esfregando em mim e passando a língua na minha boca e no meu pescoço. Nessa mesma noite perdi o meu cabaço.

Doralice trabalhava na casa de um casal de austríacos sem filhos, refugiados de guerra, que morava nos Bancários. Klaus e Heike. Doralice não era propriamente uma doméstica, mas uma acompanhante, uma – digamos – governante à moda brasileira. Além de cuidar da casa e da comida, Doralice encarregava-se das compras da casa e, de vez em quando, do pagamento de contas do casal. De braços dados e a passos de cágado, levava diariamente Heike para passear e tomar sol nos jardins da Praia de Botafogo, na altura da Rua Marques de Abrantes.

De início, cheguei a pensar que Doralice fodia com Klaus, mas logo cheguei à conclusão de que eu estava errado. Klaus não comia ninguém, nem a Heike.

Klaus e Heike, segundo Doralice, não tinham amigos no Brasil. Heike passava a maior parte do tempo deitada, pois tinha dores de cabeça terríveis e crises de depressão constantes. Klaus era tradutor, trabalhava em casa e só saía para entregar ou buscar novas encomendas. Vestia-se sempre de terno cinza e gravata preta, meio gastos pelo uso. Usava um chapéu Fedora de feltro, semelhante ao que Humphrey Bogart usou nas cenas finais de *Casablanca*. "A vida deles é uma tristeza. Tenho muita pena dos dois. Eles quase não se falam. Parecem duas sombras", dizia sempre Doralice.

Doralice não sabia direito a história do casal, a não ser que tinham sofrido o diabo durante a guerra. O pai de Klaus era judeu, a mãe católica, e ambos morreram num campo de concentração: ele, obviamente, por ser judeu; ela por ter se casado com um judeu, o que era uma transgressão imperdoável das leis nazistas. Por pouco Klaus e Heike não foram junto. Doralice nada sabia sobre a família de Heike.

"Os pais de Klaus eram ricos. Parece que negociavam joias e ouro. Os nazistas tomaram tudo deles. Klaus era professor universitário e perdeu todos os contatos com os demais familiares que permaneceram na Áustria. Ele acha que foram todos mortos. São duas pessoas perdidas no mundo, sem parentes e filhos", comentou um dia Doralice.

Eu estava tenso e muito ansioso na hora da minha primeira foda, mas Doralice foi compreensiva com a minha inexperiência e falta de jeito. Disse que era normal o meu nervosismo, mas que foder era a coisa mais natural do mundo.

— Basta seguir os instintos, Vitor. Se precisar, eu ensino. Mas não tenha pressa.

Achei sábias as palavras de Doralice e comecei a beijar os bicos dos peitos dela. Ela gemia e dizia: "Assim, assim, meu queridinho". Adorei ser chamado de queridinho.

Esqueci-me de dizer que enquanto fodíamos no quarto de Doralice, Klaus e Heike dormiam no quarto ao lado e, certamente, tinham sonhos repletos de sofrimentos e angústias. Eles viveram na Europa em guerra uma experiência dilacerante. Segundo Doralice, viviam assombrados e dominados por recordações trágicas.

De madrugada, enrolada num lençol, Doralice me fez sair pela porta dos fundos do apartamento.

— Liga para mim amanhã – pediu, passando com carinho a mão no meu rosto.

RIO DE JANEIRO, 1954 OU 1955

O Souza Aguiar ocupava um imóvel adaptado, na Rua Gomes Freire, no bairro da Lapa, imóvel que, no passado, tinha sido estábulo dos burros que puxavam os bondes da cidade. Cada sala de aula tinha sido uma estrebaria, o que gerava, entre nós, alunos e professores, ofensas e piadas idiotas, embora previsíveis:

— Voltou para casa, hein, seu burro?

— Fala, quadrúpede!

— Asno!

— Jumento!

— Sua mãe dormiu ontem na sala 10, não foi, sua besta?

— Besta é a puta que o pariu!

Um dos nossos professores exigia que os alunos ficassem em pé quando eram arguidos. Ele chamava o aluno pelo nome e acrescentava: "Ponha-se sobre as patas traseiras!". Nos anos 1950, a pedagogia e a psicologia, inclusive nas relações entre alunos e professores, eram pautadas pela grossura. Ficamos livres das palmatórias, mas não das palavras e dos gestos grosseiros.

Embora fosse um prédio improvisado e velho, o antigo albergue dos puxadores de bondes era simpático e bem cuidado. Bem em frente, do outro lado da rua, estava, como já contei, o prédio do *Correio da Manhã*, um celeiro de mestres do jornalismo. Foi na calçada do velho jornal que eu conheci dois expoentes da cultura brasileira, que eram amigos do pai de um colega meu de turma: o romancista José Condé, autor de *Terra do Caruaru*, e Otto Maria Carpeaux, que, muitos anos depois, escreveria para mim um artigo sobre sociologia, que guardo até hoje. Carpeaux escrevia seus artigos à mão.

O *Correio da Manhã* não sobreviveu à ditadura. Embora, no primeiro instante, tenha apoiado a deposição do presidente João Goulart, logo se tornou órgão de oposição à ditadura militar, que perseguiu e prendeu inúmeros colaboradores do jornal. Foi asfixiado economicamente. Fechou as portas em 1974. Nos dias atuais, o prédio *art nouveau* do *Correio da Manhã* está ocupado, se não me engano, por um departamento qualquer do Ministério do Trabalho.

Nos dias 31 de março e 1º de abril de 1964, o *Correio da Manhã* publicou dois contundentes editoriais – "Basta!" e "Fora!" –, nos quais defendia e aplaudia a deposição do presidente João Goulart. Os dois editoriais foram aprovados coletivamente pelo alto estamento editorial do *Correio*, do qual participavam jornalistas que meses depois seriam presos e perseguidos pelos milicos.

Pode-se dizer que os editoriais expressavam naquele momento a opinião do jornal, mas ainda hoje há controvérsias sobre quem os redigiu. Tais controvérsias transformaram-se em suposições, e elas se fixaram em três nomes: Edmundo Moniz, Osvaldo Peralva e José Lino Grünewald, três dos maiores jornalistas do país.

Bem, talvez não tenha sido nenhum deles, mas isso agora pouco importa. O importante é que logo no dia 3 de abril de 1964, o *Correio da Manhã* publicou, na primeira página, um editorial intitulado "Terrorismo, não". Foi o primeiro grito de alerta contra a violência e a tortura, que, nos meses e anos seguintes, durante a ditadura, transformar-se-iam em política de Estado.

*****

Ao lado do Souza Aguiar, onde é hoje a TV Brasil, pontificava também o velho Teatro República, onde vi, pela primeira vez, as maravilhosas coxas da vedete Nélia Paula, que faleceu em 2002, no Retiro dos Artistas. Nélia era uma mulher extremamente bonita e sensual, e foi uma das maiores vedetes da revista brasileira. Era figurinha carimbada da lista das Certinhas do Lalau (Stanislaw Ponte Preta).

Eu fazia o percurso (ida e volta) dos Bancários (Flamengo) ao Souza Aguiar (Lapa) no bonde 24 (Marques de Abrantes – Estrada de Ferro), lendo o jornal *Última Hora*, o único jornal que apoiava irrestritamente o governo que viria a ser derrubado pelos militares. *Última Hora*, tal como aconteceu com o *Correio da Manhã*, foi destruído pela ditadura.

No *Última Hora* – jornal criado por Samuel Wainer – escreviam diariamente Nelson Rodrigues, Stanislaw Ponte Preta, Antonio Maria, Paulo Francis, Tereza Cesário Alvim, Danton Jobim, Otávio Malta, Adalgisa Nery, Paulo Silveira e Moacir Werneck de Castro, um verdadeiro escrete de grandes jornalistas. Eu tinha grande admiração por Adalgisa Nery, poeta e romancista, mas que enveredou pela política, dando um raro exemplo de dignidade e honradez.

Ler *Última Hora* no bonde foi um dos grandes prazeres que tive na vida. Eu lia todos os cronistas do jornal.

Estudei no Souza Aguiar os quatro anos do ginásio e os três anos do clássico. Lembro-me de que, certo dia, a professora Bella Josef levou ao Souza Aguiar o poeta Manuel Bandeira, que nos falou sobre a poesia brasileira. Hoje, não sei se isso seria possível.

RIO DE JANEIRO, 1958 OU 1959

Ainda bem que Laura fez um estardalhaço ao abrir a porta do quarto. Não fosse isso, eu teria sido flagrado acariciando a boceta de Clarice enquanto ela esfregava sofregamente o meu pau. A sacanagem corria solta por baixo da mesa.

Não sei se Laura percebeu ou se preferiu ficar na dela. Ela aproximou-se da mesa, olhou muito séria para nós dois, como a dizer: "Vocês pensam que eu não percebi?". Eu e Clarice esperávamos o pior, mas Laura limitou-se a perguntar: "Vocês aceitam um sanduíche"?

RIO DE JANEIRO, ANOS 1950

Éramos ouvintes cativos da Rádio Nacional. Pela manhã, todos os dias, minha mãe dava a ordem: "Liga o rádio, menino!".

A televisão foi inaugurada em 1950, em São Paulo, e no ano seguinte no Rio de Janeiro. TV Tupi, dos Diários Associados, grupo midiático de Assis Chateaubriand, figura capaz de todas as grandezas e de todas as baixezas imagináveis. Sugiro a leitura de *Chatô – O rei do Brasil*, de Fernando Morais. Está tudo lá.

Não preciso dizer que a televisão da década de 1950 não era colorida e todos os programas eram ao vivo (daí os erros em cena: atores e atrizes esqueciam o texto, cenários desabavam, entre outras coisas). Ela, no início, só funcionava das 18h às 23h.

Não havia transmissão à distância: fiquei, com amigos, uma tarde de sábado diante da televisão esperando uma partida de futebol, que seria transmitida diretamente do estádio do Pacaembu, São Paulo. Segundo fomos informados, um temporal na região de Taubaté cortou todas as ligações, inclusive as telefônicas, entre Rio de Janeiro e São Paulo. Assim era o Brasil nos primeiros anos da década de 1950.

No início, a televisão brasileira não tinha linguagem própria, por isso copiou a linguagem do rádio. Hoje, a televisão tem sua própria linguagem, embora todos os seus programas (novelas, humorísticos, de auditório, de variedades, musicais, minisséries etc.) sejam uma herança do que se fazia no rádio. Um exemplo: a primeira novela apresentada no Brasil foi *Em busca da felicidade*, do cubano Leandro Blanco, que estreou na Rádio Nacional em 1941, ano em que televisão inexistia. A primeira novela televisiva, *Sua vida me pertence*, de Walter Forster, estreou em 21 de dezembro de 1951, ou seja, dez anos depois da estreia do gênero na Rádio Nacional.

Nos Bancários éramos todos ouvintes da Rádio Nacional, como, hoje, a garotada vive agarrada às parafernálias eletrônicas disponíveis. Todos tínhamos as nossas preferências: uns gostavam da Emilinha Borba, outros da Marlene; alguns não perdiam o seriado *Jerônimo, o herói do sertão*, outros eram fissurados no *Teatro de mistério*. Todos, porém, adoravam o *Balança, mas não cai*, o mais genial programa humorístico já realizado no Brasil. O programa humorístico de Max Nunes era uma unanimidade. O famoso quadro do Primo Rico e do Primo Pobre era, através do humor, uma certeira crítica à desigualdade social.

Nos anos 1950, inexistiam as parafernálias tecnológicas que hoje dominam a sociedade e escravizam as mentes de crianças e jovens. É certo que as parafernálias tecnológicas facilitam e encantam nossas vidas, mas trouxeram também prejuízos. Graves prejuízos.

O ensino na época era bem mais puxado que o de hoje. Como não tínhamos máquinas de calcular, éramos obrigados, por exemplo, a decorar a tabuada.

*****

RIO DE JANEIRO, FINAL DOS ANOS 1950

Entrei em casa. Percebi que Joaquim e Estrela discutiam em voz alta no quarto. Fui à cozinha beber água e torci para que os meus ruídos chegassem a eles – eu queria que eles notassem minha presença e encerrassem o bate-boca, que me incomodava.

Estrela veio conversar comigo:

— Sua tia Hortência arrumou um emprego para mim no Tribunal de Contas, mas Joaquim é contra. Sabe o que ele me disse? Que mulher dele não trabalha fora!

— E ele disse por quê?

Estrela não respondeu à minha pergunta, mas disse, com uma fúria que me surpreendeu:

— Seu pai não tem jeito, Vitor! Está desempregado de novo. Sua avó estava certa: seu pai é um irresponsável. Se eu não for trabalhar, quem vai sustentar esta casa?

Subitamente, tive um pressentimento. Virei-me e vi. Emoldurado na porta da cozinha, braços caídos ao longo do corpo, Joaquim nos olhava e ouvia. Os olhos bem abertos, mas sem espanto ou ódio. Triste, vencido, humilhado, em silêncio.

*****

RIO DE JANEIRO, 1958 OU 1959

Sentada na ponta da mesa, as mãos entrelaçadas como se estivesse rezando ou coordenando uma reunião de subordinados, Laura estava nitidamente me estudando.

— E o exercício?

A pergunta não denotava curiosidade, mas uma sutil cobrança.

— Estamos terminando – disse Clarice.

Laura virou-se para mim e fez a provocação:

— Você mora nos Bancários, não é?

Resolvi não amarelar e tomar a iniciativa:

— Moro. Algum problema?

Silêncio.

— Tenho informações péssimas sobre os rapazes dos Bancários.

Fiz um gesto de impaciência:

— Pois eu conheço gente que tem ótimas informações sobre... Como foi mesmo que a senhora disse? Ah! os rapazes dos Bancários.

Clarice tentou cortar:

— Mamãe, por favor!

Silêncio.

Laura tentou falar, mas eu cortei:

— A senhora não me conhece direito, por isso não pode fazer qualquer juízo a meu respeito. Todos os rapazes dos Bancários têm família, todos estudam, alguns trabalham, nenhum de nós é assassino, ladrão ou bandido.

Fiz uma curta pausa e continuei:

— Sou namorado de sua filha. Eu estou aqui ajudando Clarice a fazer um exercício escolar. Eu não queria vir, mas Clarice insistiu. Se a senhora quiser, vou-me embora agora mesmo. A casa é sua. Mas não vou desmanchar o meu namoro com ela porque a senhora não gosta de mim e dos rapazes dos Bancários. Só desmancho o namoro com Clarice se ela quiser.

A mãe de Clarice ouviu o meu discurso em silêncio, os olhos claros e brilhantes fixos em mim, talvez surpresa com a minha ousadia. Olhei para Clarice. Ela estava de cabeça baixa, assustada.

— Vocês fiquem à vontade – disse Laura, levantando-se e indo sentar-se no sofá, onde se pôs a folhear nervosamente uma revista.

Eu a deixara sem ação.

— 7 —
MÁRIO

RIO DE JANEIRO, SEGUNDA METADE DOS ANOS 1950

Alunos do Souza Aguiar criaram, com o apoio da direção e de alguns professores, o Grêmio Literário Carlos de Laet, cujos objetivos, conforme especificavam os seus estatutos, eram desenvolver a sociabilidade entre os alunos, zelar por sua contínua elevação moral e intelectual e propugnar pelo bom nome do colégio, entre outras bobagens – pensando bem, não sei se eram bobagens – do gênero.

Lembro-me de um presidente do Grêmio, um aluno gordo e sorridente, parecido com o ator Zero Mostel, chamado Ciro (não me recordo do seu sobrenome, mas isso não vem ao caso), que organizou uma excursão a Teresópolis, à qual eu fui, e um concurso de redação sobre Brasília, do qual participei. Brasília estava sendo construída e havia no país muita discussão a respeito dos custos, importância e necessidade da nossa capital. Udenistas e setores das Forças Armadas, os mesmos que armaram a crise que levou Getúlio Vargas ao suicídio, urravam contra a construção de Brasília e chamavam Juscelino Kubitschek de todos os nomes. "Brasília: alguns contra, muitos a favor, todos beneficiados!" – era o que dizia a propaganda oficial, pouco se lixando para a oposição.

Minha redação, cujo título foi *Brasília, a terra prometida*, era favorável a Brasília e levou o primeiro lugar. Como prêmio, ganhei uma medalhinha, um diploma (perdi ambos), uma viagem à futura capital (um imenso e impressionante canteiro de obras) e mil cruzeiros em livros, à minha escolha, oferta da Livraria São José, do livreiro Carlos Ribeiro, a quem Carlos Heitor Cony chamava de "o velho mercador de livros".

Os livros que escolhi foram *O mundo em que vivemos*, do jornalista holandês Hendrik van Loon; *A Rússia por dentro*, do escritor americano John Gunther; e *Noite*, de Érico Veríssimo.

A viagem a Brasília foi num avião das Navegações Aéreas Brasileiras (NAB), que um amigo meu dizia ser a sigla de "na bunda". A companhia não existe mais, e entre Rio e Brasília fizemos, na ida e na volta, baldeação em Belo Horizonte.

O aparelho da NAB era desengonçado, um verdadeiro pesadelo. Chacoalhava, fazia um barulho ensurdecedor e as poltronas não eram reclináveis. Mais ou menos naquela época, um avião da NAB sofreu uma avaria e foi obrigado a fazer um pouso forçado numa clareira em plena floresta amazônica, próximo a uma aldeia indígena. Um amigo meu dos Bancários, o Maninho, estava nesse voo, que voltava de Belém. Ele nos contou histórias engraçadíssimas sobre o encontro dos passageiros com índios de uma reserva da região. Se não me falha a memória, antes de deixar de existir, dois aviões da NAB caíram no curto período de três anos.

*****

RIO DE JANEIRO, 1956 OU 1957

Ao telefone, Doralice estava nervosa. Heike tinha sido internada.

— O que houve com ela?

Doralice gaguejou:

— O médico diagnosticou pneumonia, mas desconfia que é câncer no pulmão.

— E o Klaus, como está?

— Em choque. Foi com ela.

Choramingando, Doralice pediu que eu fosse vê-la à noite.

Doralice tinha muito carinho por Heike. Mas não só por ela. Doralice cuidava bem dos velhos austríacos e, ao que parece, gostava mesmo deles. Estava realmente triste com a internação de Heike, cujas crises de depressão vinham se agravando nas últimas semanas.

— Klaus não vai suportar a morte de Heike – disse Doralice. – Eles são muito unidos, passaram juntos o diabo na Europa. A infelicidade os uniu. Fez deles uma só pessoa.

Quando fugiram da Áustria ocupada por tropas nazistas, Klaus e Heike tiveram que atravessar os cantões sórdidos de um continente perigoso, prestes a ser engolido pela guerra. Uma viagem absurda, arriscada e cheia de perigos. Em Portugal, país neutro, apesar das suas evidentes simpatias pelo nazifascismo, Klaus e Heike localizaram um amigo, também fugitivo, que conhecia um vigarista lisboeta, que roubou as joias de Heike, mas arranjou para eles documentos e autorização de viagem para o Brasil.

A viagem foi num cargueiro de bandeira panamenha. Klaus e Heike ficaram confinados num cubículo, quentíssimo e só tinham direito a duas refeições por dia. O Brasil, nessa época, 1939, como todos os países da América, inclusive os Estados Unidos, ainda mantinha relações comerciais e diplomáticas com a Alemanha nazista.

A adaptação do casal austríaco foi difícil, se é que se pode dizer que eles se ajustaram algum dia ao Brasil. Klaus era professor universitário em Viena; Heike, cantora lírica. O diabo é que os dois não sabiam uma só palavra de português, de modo que eles se sentiram perdidos num mundo estranho, que eles não compreendiam e não sabiam que existia. Um mundo que os assustava – multicultural e multirracial, rico em improvisações, jeitinhos e desigualdades.

Como Klaus tinha conhecimento de línguas neolatinas, como o italiano e o romeno, ele, com o auxílio de um dicionário alemão-português, uma gramática e dois livros de poesia, em pouco tempo arranhava o nosso idioma, o suficiente para arrumar emprego numa editora. O mesmo não aconteceu com Heike, que aos poucos foi se transformando em dona de casa, vitimada por constantes crises de depressão e enxaquecas pavorosas.

Eram 21h e pouquinho quando Doralice abriu a porta para mim, segurou minha mão e me puxou até o quarto dela.

*****

Nessa noite Doralice mostrou-se insaciável na cama.

Quando entramos no quarto, ela foi logo tirando a roupa. Eu a acompanhei, de modo que em segundos estávamos na cama. A primeira trepada foi rápida. Doralice parecia estar com febre. Tanto que ela gozou assim que eu enfiei o pau na sua boceta e dei-lhe meia dúzia de estocadas.

A segunda foi mais lenta, mais elaborada e tranquila. Doralice estava solta, gemeu alto, gritou o meu nome repetidas vezes. Gozamos aos berros. Estávamos sozinhos no apartamento, podíamos foder e fazer todos os ruídos imagináveis.

Mais calma, embora não inteiramente saciada, como eu veria em seguida, Doralice começou a chorar baixinho.

— Alguma notícia de Heike?

— Ela está muito mal. Eu acho que ela vai morrer logo. O Klaus não vai resistir.

Fiquei calado, ela continuou:

— Os dois quase não conversam, não fodem, mas a gente percebe que entre eles há uma união forte, misteriosa, sei lá. Uma coisa que os une intensamente, entende?

Fiquei pensando no casal austríaco. Tinham, na Viena pré-ocupação nazista, uma vida calma, burguesa, estruturada. De repente, a fuga; depois, a viagem para o Brasil e a adaptação – ou a falta de adaptação – ao novo país. Um percurso doloroso.

Perguntei a Doralice se ela conhecia a história do escritor Stefan Zweig e da mulher, Charlotte Altman. Ela disse que não. Contei:

— Quando eles se deram conta de que o mundo era uma grande merda, mataram-se.

Doralice abraçou-se comigo, entrelaçou suas pernas às minhas, e chorou.

*****

Da viagem a Brasília poucas lembranças ficaram. Uma delas foi a que guardei da poeira. Um inferno. Fina, em suspensão, constante, vermelha, que emporcalhava nosso rosto e nossas roupas. Espertalhões vendiam pequenos frascos, cujos rótulos diziam: poeira de Brasília. Era um produto, uma mercadoria.

O cicerone da Novacap levou-me à boca de um imenso buraco (meus pés afundavam na poeira). Explicou:

— Aqui vai ser o cruzamento do corpo do avião com as suas duas asas. Nesse buraco vai ser construída a rodoviária.

Fui levado ao único palácio que já estava pronto, o da Alvorada, residência oficial do primeiro casal da República. Passeei pelos enormes salões, salas e quartos, e aproveitei para dar uma mijadinha no banheiro da suíte presidencial.

*****

Jânio Quadros, ao renunciar, chamou Brasília de "cidade maldita". Na hora em que resolveu largar tudo e ir embora, Jânio estava embriagado e enfurecido, dominado pelos demônios que controlavam seus atos e suas emoções.

Brasília é uma cidade nova, tem pouco mais de 50 anos, mas já vem demonstrando, pelo que sei, as distorções típicas das cidades brasileiras. Trânsito caótico, ensino público ruim, saúde pública de quinta categoria, apagões, enchentes, o diabo.

Brasília foi inaugurada em 1961 – era pouco mais que um acampamento. Em 1964, os militares deram o golpe (a cidade tinha três anos, ou seja, era ainda um enorme acampamento) e assumiram o poder, do qual só saíram 21 anos depois. Brasília cresceu sob o tacão militar e criou uma espécie de deformação, da qual talvez nunca consiga se livrar: uma personalidade, uma alma, um perfil autoritário, mas, sobretudo, vazio, sem conteúdo.

*****

RIO DE JANEIRO, 1957 OU 1958

Na segunda metade dos anos 1950, eu descobri que o meu irmão Mário me odiava. Meu outro irmão, Tiago, era muito pequeno. Talvez mais tarde viesse a me odiar também.

Embora involuntária, a culpa talvez fosse minha. Eu vivia minha vida, sem me preocupar com a dos meus irmãos. Nunca me interessou saber o que eles pensavam, desejavam, sonhavam. Minha indiferença, tão acintosa como impensada e cruel, talvez tenha sido entendida por eles como desprezo. Creio que é por isso que fui e sou tão malquisto por eles.

Nos Bancários, no Souza Aguiar, no Zaccaria, na rua, fiz muitos amigos, gostava de estar com eles, mas, ao lado disso, eu sempre tive necessidade de estar só. Tanto que nas minhas melhores recordações do quintal da casa de esquina, em Santa Rita do Sapucaí, eu estava sempre sozinho, mergulhado nas minhas fantasias. Jovem e adolescente, eu sistematicamente me refugiava na leitura (fui muitas vezes ao Parque Guinle apenas para ler) e nas minhas caminhadas solitárias pelas ruas do Flamengo e do Catete. Desde cedo criei o hábito de inventar histórias e travar conversas com pessoas imaginárias.

A verdade é que eu era – e ainda sou – uma pessoa de hábitos solitários. Gosto de ficar só, de andar só, de viajar só, de ficar só nos cantos favoritos da casa, especialmente no quarto, onde tenho minha mesa de trabalho, livros, revistas antigas e discos.

Conheço muitas pessoas, claro. Gosto de estar com elas, de conversar com elas, de rir com elas, mas tenho, dentro de mim, uma compulsão: a de ficar só. Não sou de ir a bares e botecos com amigos, jogando conversa fora, bebendo umas cervejinhas. Quando isso acontece, em meia hora estou louco para dar o fora, chego a sentir, inclusive, uma sensação de sufocamento, um grande mal-estar. Sou um chato, mas o que posso fazer? Ibsen tem uma frase que, embora pretensiosa, gosto muito: "O homem mais só é o mais forte". Não sou o mais forte, mas me sinto melhor sozinho.

Nunca conversei com nenhum psicólogo a respeito, mas isso também nunca me preocupou. Sou o que sou e gosto de ser como sou. Não tenho nenhum sentimento de culpa. Eu aceito as pessoas como elas são; quero ser aceito como sou. Não faço mal às pessoas, mas também não peço que gostem de mim.

Eu não desprezava meus irmãos nem tinha motivo para isso. Também não os odiava. Mas não os via como meus amigos. Sempre houve distância entre nós.

*****

Próximo aos Bancários havia três teatros. Sempre gostei mais de teatro do que de cinema.

O Teatro Catete ficava no fundo de uma galeria meio esculachada, quase na esquina da Praça José de Alencar com a Rua Conde Baependi. Nos anos 1950, teatro só não funcionava às segundas-feiras, que era o dia de descanso dos atores. Nos demais dias da semana, as sessões eram, geralmente, às 21h. As matinês (sessões vespertinas) eram às quintas-feiras, com preços reduzidos. Eram as sessões que eu costumava frequentar.

O Teatro Catete tinha sido arrendado por dois grandes homens de teatro: Ivan Albuquerque e Rubens Corrêa, ambos já falecidos. Além de *O inspetor geral*, fui ver ali outras peças, entre as quais *O diário de um louco*, em que Rubens Corrêa, sozinho no palco, deu uma verdadeira aula de interpretação.

O inspetor geral é uma comédia. A história se passa durante o reino do tzar Nicolau I, chefe despótico de uma burocracia decadente e corrupta. Quando um velhaco também corrupto chega à cidade, o prefeito e seus comparsas supõem que ele é uma autoridade que ali foi com a missão de impor um fim à roubalheira deslavada que eles patrocinavam. Logo, porém, todos se locupletam.

Gogol parece querer nos dizer que é impossível coibir inteiramente a corrupção, mas é razoável amainar a gula dos burocratas e dos políticos, impondo um limite aceitável à tunga. Tudo se passa, então, a partir da confusão de identidades entre o velhaco e o inspetor, até que, finalmente, a autoridade verdadeira chega à cidade.

*****

Havia dois outros teatros próximos aos Bancários, ambos na Rua Senador Vergueiro. Um deles, o Teatro Senador Vergueiro, quase na praia de Botafogo, em certa ocasião apresentou uma peça de Georges Feydeau, cujo título não lembro. Um dos atores era amigo meu. Fui vê-la também numa matinê. Como disse, teatro é uma das minhas grandes curtições.

O outro teatro da Senador Vergueiro era o Kelly, que ficava perto da Travessa do Tamoio.

*****

RIO DE JANEIRO, INÍCIO DOS ANOS 1960

Bem verdade que não fui eu quem notou. Foi um amigo meu dos Bancários, o Hiron. Ele, um dia, perguntou-me de supetão:

— Por que o Mário não gosta de você?

Levei um choque, mas não disse nada de imediato. Segundos depois, consegui balbuciar um "Não sei". Hiron resumiu tudo: "É foda!".

A conclusão de Hiron doeu em mim: "É foda!". Hiron não me perguntou se Mário me odiava ou não. Ele me perguntou o motivo ou motivos que levaram Mário a não gostar de mim. Por trás da pergunta de Hiron havia, portanto, a certeza de que Mário, de fato, odiava-me. Pego de surpresa, eu me limitei a dizer, quase gaguejando, que não sabia. Será que Mário confessara a Hiron o ódio que sentia por mim ou Hiron notara por ele mesmo? Acredito mais na segunda hipótese.

Creio hoje que meu irmão Mário se vê e me vê da seguinte maneira: ele é tudo o que ele próprio não gostaria de ser; eu sou tudo o que ele adoraria que eu não fosse. Meu irmão tem inveja de mim e essa inveja manifesta-se por meio de um ódio difuso e não declarado, mas ao mesmo tempo denso e sofrido. Inveja, aliás, da qual ele não tem consciência.

Zuenir Ventura, em *Mal secreto*, explicou a diferença entre cobiça e inveja. Cobiça é você desejar ter o que o outro tem. É a cobiça que leva ao roubo ou ao furto. Dito de outra forma: quem rouba ou furta alguma coisa de alguém foi movido essencialmente pela cobiça.

A inveja é diferente da cobiça. Inveja não é desejar o que o outro tem. É sofrer (inveja é uma forma de sofrimento) pelo fato do outro ter algo, seja um bem material, seja um bem espiritual. Inveja não leva o sujeito a roubar ou a furtar, apenas não desejar que o outro tenha o que ele não tem ou não pode ter. Cobiça e inveja, portanto, não se confundem.

A inveja talvez seja o pior dos pecados, pois, como diz o título do livro de Zuenir Ventura, ele é um mal secreto, um sentimento que todos procuramos esconder de nós mesmos e dos outros. Todos nós somos capazes de dizer que odiamos o próximo – e disso não nos envergonhamos. Todos nós confessamos que estamos a fim de comer a mulher do próximo – e fazemos disso um motivo de orgulho. Todos nós nos declaramos vaidosos ou preguiçosos – e disso até achamos graça. Todos nós somos capazes de declarar que não amamos a Deus sobre todas as coisas – e isso nem sempre nos faz chorar.

Enfim, nós somos capazes de tudo, de confessar e proclamar todos os pecados, menos de reconhecer que temos inveja de alguém. A inveja é o pecado inconfessável. Quem inveja sofre, mesmo sem ter consciência desse sofrimento. Essa é a desgraça de quem sente inveja.

O certo é que, apesar de tudo, eu admiro meu irmão Mário. Ele tem virtudes e qualidades humanas raras que eu mesmo não tenho. Não sei se ele tem consciência de suas próprias virtudes. Hoje, eu e Mário não nos falamos, talvez por minha culpa.

Eu sempre fui muito arrogante e independente da minha família. Nada tenho contra ela, mas a minha maneira é essa mesma. Foda-se o mundo.

Eu não tinha certeza sobre o que queria da vida, mas eu não desejava ser jamais o que Estrela queria que eu fosse. Minha mãe queria me ver no Banco do Brasil, que, segundo o imaginário da época, era o melhor emprego do mundo. Talvez até fosse, mas ser bancário não fazia parte dos meus planos. Joaquim nunca me disse o que desejava que eu fosse. Não era problema dele.

Estrela vivia repetindo: é um emprego estável, paga bem, dá uma série de benefícios aos seus funcionários. E acrescentava: "Segurança, Vitor. Segurança". E alfinetava o pai: "Veja o exemplo do Joaquim, que nunca pensou no futuro".

Minha mãe sempre desconfiou que eu herdara os piores traços de Joaquim.

*****

Os Bancários me trazem, ainda, duas lembranças especiais: o parque e o abrigo dos marinheiros.

O PARQUE

Era como chamávamos a quadra descoberta dos Bancários. Era o nosso campo de pelada (ou racha) e onde, na época devida, fazíamos festas juninas.

O parque só tinha um inconveniente.

Em 1951, o delegado pernambucano Deraldo Padilha foi nomeado pelo prefeito João Carlos Vital para combater a prostituição na cidade, principalmente na Zona Sul. Padilha era truculento, tinha um vozeirão de dar medo e usava óculos Ray-Ban, inclusive à noite. Seu método de ação era o seguinte: sempre acompanhado de uma equipe de tiras, ele percorria a cidade recolhendo malandros, gigolôs e prostitutas que estavam fazendo *trottoir*. Padilha era o terror das madrugadas, das putas e dos cafetões.

A malandragem carioca usava calças largas, que afunilavam na boca, ou seja, no tornozelo. Padilha dava ordem de prisão ao indigitado e enfiava uma laranja calça adentro do prisioneiro. Se ela engasgasse no funil, o cara era preso e tinha os cabelos raspados, máquina zero. Direitos humanos, nos anos 1950, era uma expressão destituída de sentido.

O folclore em torno do delegado era tamanho que o sambista Moreira da Silva fez um samba que dizia:

> *Pra se topar uma encrenca basta andar distraído*
> *Que ela um dia aparece*
> *E não adianta fazer prece*
> *Eu vinha anteontem lá da gafieira*
> *Com a minha nega Cecília*
> *Quando gritaram: "Olha o Padilha!"*
> *Antes que eu me desguiasse*
> *Um tira forte aborrecido me abotoou*
> *E disse: "Tu és o Nonô, hem?"*
> *Mas eu me chamo Francisco,*
> *Trabalho como mouro, sou estivador*
> *"Posso provar ao senhor".*
> *Nisso o homem de óculos ray-ban me deu um pescoção*
> *Bati com a cara no chão*
> *E foi logo dizendo*
> *"Eu só queria saber quem disse que és trabalhador?".*
> *"Tu és salafra e achacador".*
> *"Essa macaca a teu lado é uma mina mais forte que o Banco do Brasil".*
> *"Eu manjo ao longe esse tiziu".*
> *E jogou uma melancia pela minha calça adentro que engasgou no funil,*
> *Eu bambeei, ele sorriu.*
> *Apanhou uma tesoura e o resultado dessa operação*
> *A calça virou calção.*

Na chefatura um barbeiro sorridente estava à minha espera,
Ele ordenou: "Raspe o cabelo desta fera!"
Não está direito, seu Padilha, me deixar com o coco raspado
Eu já apanhei um resfriado, isso não é brincadeira,
Pois o meu apelido era Chico Cabeleira.
Não volto mais à gafieira, ele quer ver minha caveira.
Eu, hem? Se eu não me desguio a tempo
Ele me raspa até as axilas.
O homem é de morte!

Para nosso azar, Deraldo Padilha morava nos Bancários e as janelas do seu apartamento no térreo davam diretamente para o parque. Como o delegado trabalhava à noite, pela manhã ele queria dormir; ou seja, ele queria dormir na hora das nossas peladas. Aí, não tinha erro: de pijamas e cabelos desgrenhados, Padilha irrompia aos berros na janela do seu quarto, exigindo que interrompêssemos o nosso jogo. Nós obedecíamos. Ninguém tinha coragem de desafiar a criatura.

O ABRIGO DOS MARINHEIROS

O abrigo era um sobradão colonial imenso (havia outros na Marques de Abrantes), um bloco compacto de dois andares, com muitas janelas, situado no centro de um terreno também imenso. Era vizinho dos Bancários.

O terreno tinha inúmeras árvores, algumas frutíferas, como um imenso pé de cajá-manga, ou, como se dizia em Alagoas, cajarana. Na época apropriada, a árvore se cobria de frutas amarelas. Nós nos fartávamos.

O abrigo era um antigo clube alemão, que foi confiscado pelas autoridades quando o Brasil declarou guerra ao Eixo. Serviu de residência aos marinheiros que, nos precários navios da nossa Marinha de guerra, patrulhavam as costas brasileiras contra os submarinos nazistas que torpedeavam e afundavam nossos navios mercantes.

Os nazistas afundaram 33 navios mercantes e apenas um da Marinha de guerra, o Vital de Oliveira, que resultou um total de 1.081 mortos e centenas de feridos. Roberto Sander escreveu um excelente livro a respeito, que recomendo: *O Brasil na mira de Hitler*. Outro documento – esse raro – sobre os ataques dos submarinos foi produzido em 1943, pela Imprensa Nacional, cujo título é *Agressão*. Reúne muitas fotografias, inclusive de mortos levados pela maré às praias.

Quando a guerra terminou, o abrigo foi fechado, e assim permaneceu enquanto corria na Justiça um contencioso pela sua posse. Era uma área valorizadíssima. Nós, dos Bancários, seguimos nossas vidas, pulando o muro que nos separava do abrigo, invadindo o terreno, colhendo e comendo as frutas que suas árvores produziam em abundância.

Um dia, eu era adulto e a maioria dos rapazes da turma dos Bancários já tinha se dispersado, o Grupo Pão de Açúcar derrubou o sobradão e as árvores e construiu na área um horroroso supermercado. Fico imaginando que bela escola ou centro cultural não poderia ter sido instalado no sobradão, no velho abrigo dos marinheiros.

— 8 —
LISA

RIO DE JANEIRO, ANOS 1950 E COMEÇOS DE 1960

Lisa. Tive por Lisa um grande amor não correspondido. Amor de adolescente, por conseguinte, um amor arrebatado, sofrido, triste, daqueles curtidos à base de muita cuba libre e letras de bolero e canções de samba. Um sentimento que não sei quando ou como começou; sei apenas que parte da minha adolescência e da minha juventude foi acalentada pelo amor que eu sentia por Lisa.

Eu não pretendia escrever sobre Lisa. Afinal, nada houve entre nós. Nunca namoramos. Nunca trocamos um beijo, uma carícia. Eu nunca segurei suas mãos. Que me lembre, poucas vezes conversamos. Só trocávamos olhares: os meus, apaixonados e súplices; os dela, indiferentes e frios.

Lisa tinha a pele muito branca; quando tomava sol ficava com as bochechas rosadas. O cabelo e olhos de Lisa eram extraordinariamente negros. Lisa era linda e eu gostava de ouvir sua voz. A mais linda moça dos Bancários.

No fundo, Lisa me amedrontava. Talvez eu preferisse mesmo amá-la à distância, pois assim eu ainda poderia alimentar a vã esperança de namorá-la um dia. Eu temia que ela, caso eu abrisse o meu coração, me desse um "não" definitivo. O meu maior medo era que Lisa me escorraçasse, me enxotasse, me repelisse, caso eu fosse falar com ela sobre meu amor. Lisa era uma ilusão que eu não queria perder. Melhor ter uma ilusão de amor do que uma certeza de desamor. Lisa tinha o poder de transbordar a minha timidez, ou o meu sofrimento, que sinto até hoje, de ter sido rejeitado. Tenho um defeito do qual não consigo me libertar: a necessidade imensa de ser aceito ou, se pudesse, de ser querido.

O negócio é o seguinte: entre o medo do "não" (que me parecia certo) e a inútil esperança de um encontro, escolhi a última alternativa.

Foi uma espécie de defesa e um erro, entre tantos que cometi na vida. Eu devia ter enfrentado a fera, mesmo com a quase certeza de uma rejeição. A ideia de que Lisa pudesse me rechaçar me fazia sofrer antecipadamente e me encolher. Diante de Lisa eu me acachapava.

Medo, timidez, orgulho, raiva e despeito por vê-la sorrir para os outros (nunca para mim) – tudo isso (e muito mais) impedia que eu fosse conversar com Lisa. Preferia vê-la de longe e ficar imaginando como seria se ela fosse minha namorada. Fui um tolo. Hoje eu sei que amor a gente enfrenta de peito aberto. Quem ama tem que estar preparado para receber o sim ou o não, o fora ou o dentro. Fazem parte do jogo. Melhor, da vida, que, segundo Vinicius de Moraes, é encontro e desencontro. Meu amor por Lisa foi um desencontro.

Tive muitas namoradas, nunca me acanhei diante delas. Curti um longo caso com Doralice (por onde andará?), mas Lisa me punha mudo, paralisado, infeliz. Diante de Lisa, eu era outro. Diante de Lisa, eu era ninguém.

Há décadas eu não vejo Lisa, mas de vez em quando tenho vagas e imprecisas notícias dela. Sei, por exemplo, que ela não se casou, que estudou Museologia e que ainda mora nos Bancários.

Em mim ficou apenas a lembrança da menina de olhos e cabelos negros passando por mim sem me olhar.

*****

RIO DE JANEIRO, SEGUNDA METADE DOS ANOS 1950

Quando Estrela começou a trabalhar, eu senti orgulho dela. Estrela nunca trabalhara, tinha pouca instrução formal e quase nenhuma experiência de convivência com pessoas que não fossem da família ou próximas. Ela foi corajosa, mas ir trabalhar foi a sua maneira de fazer aquilo que Joaquim não tinha mais condições de fazer.

Sofrido e humilhado, Joaquim ficou meses sem falar com ela, o que não o levou a mudar sua maneira de ser. Mário tomou partido de Estrela e evitava conversar com Joaquim. Eu fiquei na minha, conversava com os dois e evitava me envolver. Em minha opinião, a crise que afogou meus pais não era minha, embora me afetasse – e muito. Como sempre fiz na vida, segui o meu destino, preocupado com os problemas que me diziam diretamente respeito.

Minha vizinha Yeda veio conversar comigo um dia

— Tentei falar com o Mário, mas foi inútil – disse Yeda. – Ele parece não entender. Sua mãe está assustada e insegura. Ela conversou comigo. Vocês precisam ajudá-la a vencer o medo.

Nessa mesma noite, aproveitei que Mário não estava, sentei-me ao lado de Estrela, que admitiu estar assustada.

— Nunca trabalhei na vida, Vitor. Seu pai nunca admitiu. Mas o que tem isso demais, não é mesmo? As irmãs dele não trabalham? Estou insegura, mas vou enfrentar.

— Isso, mãe. Não se assuste. Sempre que eu mudava de colégio, eu ficava imaginando como seria recebido pelos novos colegas. Em poucas semanas, eu já estava à vontade. Vai acontecer o mesmo com você.

Estrela sorriu.

— Eu não sou como você, Vitor. Eu sou como o Mário. Eu e ele somos muito inseguros, temos medo de tudo.

— Que nada, mãe. Você vai tirar de letra. Vai logo se acostumar com o trabalho, com a sua nova vida.

Estrela voltou a sorrir:

— A Yeda me disse a mesma coisa. Sabe de uma coisa? Você mais parece ser filho da Yeda, não de mim.

A verdade é que Estrela venceu a batalha. Trabalhou, aprendeu, tornou-se mais segura, aposentou-se, enfrentou os problemas, teve coragem de se separar do marido e viver a vida dela, sempre de olho nos filhos.

Minha mãe foi uma heroína. Tenho orgulho dela.

*****

RIO DE JANEIRO, PRIMEIRA METADE DOS ANOS 1950

Eu já disse antes que meus amigos de infância têm o péssimo hábito de morrer cedo. É verdade. Foram tantos que é difícil, muito difícil, nominá-los. Vou falar de um deles, o primeiro a nos deixar.

Luís Hugo morreu com 15 ou 16 anos, talvez menos. Hugo era filho único. Era doloroso ver os pais do Hugo, sempre de braços dados, percorrendo a passos curtos e em silêncio o longo corredor do edifício dos Bancários. A morte de Luís Hugo acabou com a vida do casal. Eram duas sombras.

A morte do Luís Hugo foi uma estupidez em todos os sentidos. Ela machucou o joelho esquerdo quando praticava exercícios no colégio. O ferimento evoluiu feio, gangrenou. Sua perna precisou ser amputada até quase na virilha. Meses depois, quando se pensava que o pior tinha passado, descobriu-se que a doença havia se espalhado pelo seu corpo, atingindo órgãos vitais. Foi mais uma vez internado. Não saiu mais do hospital. Um dia, fomos informados que Luís Hugo tinha morrido.

Luís Hugo era um sujeito extremamente inteligente. Era um cartunista de primeira, contava em quadrinhos episódios da sua vida e dos Bancários. Os desenhos do Hugo eram elegantes, bonitos, os traços eram firmes. Parecia ser um veterano.

A morte de Luís Hugo chocou a todos nos Bancários, pois pela primeira vez a morte nos agredia de frente e levava um dos nossos. Pensar na morte é insuportável. É próprio da natureza humana esquecê-la, conforme observou Jean Baudrillard. Quando ela bate ao nosso lado, nós sofremos duplamente: pelo falecido e por nós mesmos. No *Soneto de fidelidade*, Vinicius de Moraes definiu bem a morte: "a angústia de quem vive".

Luís Hugo era um dos mais talentosos da turma, certamente um dos mais brilhantes, um dos mais corajosos, pois enfrentou a enfermidade de frente. Quando perdeu a perna, ele voltou a frequentar o parque, mas o seu humor adquiriu um travo de amargura. Eu o vi zombar da própria desdita: "Eu me transformei num saci!".

Fomos todos ao enterro do Hugo no São João Batista. Os pais dele, abraçados, choravam copiosamente, afinal quem suporta a morte de um filho?

Seus pais permaneceram até o fim dos seus dias nos Bancários, vivendo no mesmo apartamento, caminhando pelo mesmo longo corredor, percorrendo as mesmas calçadas em que o filho, morto de maneira tão estúpida e inesperada, brincou, viveu e caminhou. Imagino o quanto eles sofreram.

*****

RIO DE JANEIRO, 1957 OU 1958

Heike faleceu na manhã de um domingo. Klaus permaneceu ao seu lado, acompanhando até o fim a agonia da mulher. Segundo Doralice, Klaus chorava e repetia, em voz baixa, numa espécie de delírio: "Os malditos vieram buscá-la! Os malditos vieram buscá-la!".

Doralice telefonou para minha casa e me deu a notícia. Chorava. Queria me ver à noite. Eu disse que iria. Às 21h, como sempre.

*****

RIO DE JANEIRO, ANOS 1950 E INÍCIO DOS ANOS 1960

Tive – e ainda tenho – três grandes prazeres na vida: ler, ir ao teatro e flanar sem destino pelas ruas. Não sou homem de restaurantes, praia e clube, jamais frequentei academias, sou extremamente seletivo em matéria de cinema.

Hoje em dia ir ao teatro é um sacrifício. Um dia, perguntei ao ator Sérgio Brito se faltavam autores de teatro no Brasil. Ele foi direto: "E como faltam!". O grande ator resumiu perfeitamente o que penso. Os poucos grandes escritores brasileiros vivos não escrevem para o teatro. Os que escreviam, morreram e não tiveram substitutos.

Desde quando tia Vanda lia para mim, em Santa Rita do Sapucaí, as histórias de Monteiro Lobato, e desde que aprendi a ler, passei grande parte da minha vida com um livro aberto diante dos meus olhos. Leio de tudo: literatura, história, geografia, política, sociologia e, nos últimos tempos, teatro, pelos motivos já explicados. Tenho preferências por autores, mas vou falar sobre isso outro dia.

Na segunda metade dos anos 1950, uma das coisas que mais me encantava era flanar pelas ruas do Catete, um bairro de classe média, que, na época, tinha inúmeras pensões (Graciliano Ramos, ao sair da cadeia, em 1937, morou numa delas, próxima ao Palácio) e lojas de móveis. O pintor Di Cavalcanti morou anos no bairro, assim como o cantor Ciro Monteiro e a professora de literatura Bella Josef. Machado de Assis morou na Rua do Catete entre os anos de 1878 e 1882. O autor de *Dom Casmurro* residiu num sobrado (já derrubado), em frente à rua que hoje leva o seu nome.

Machado já era casado com Carolina e no período em que residiu na Rua do Catete escreveu *Iaiá Garcia*.

Como dizia, eu andei muito pelas ruas do Catete e transversais e, de certa maneira, testemunhei as mudanças urbanas ali ocorridas.

O bairro do Catete é longitudinal, sempre paralelo à Praia do Flamengo. A Rua do Catete (a palavra em tupi significa "mata imensa" ou "mata grande", junção de *ka'a*, mata, e *éte-éte*, imenso ou grande) corta o bairro de cima a baixo. A rua tem início no Largo da Glória, mais ou menos na altura da Taberna, reduto de boêmios e músicos nos anos 1930 e 1940, e termina na Praça José de Alencar, onde uma bonita estátua do autor de *Senhora* destaca-se na paisagem.

A estátua mostra José de Alencar sentado numa poltrona, como se estivesse observando o movimento de pessoas, ônibus e automóveis ao seu redor. A peanha é um bloco compacto de mármore cinzento. A estátua é de bronze e foi modelada por Rodolfo Bernardelli. Foi inaugurada no dia 1º de maio de 1897.

*****

Eu gostava de passear pelo Catete nos dias úteis, pois sempre tive um prazer enorme de entrar em lojas, armarinhos e papelarias, examinar os produtos expostos, fazer perguntas ao vendedor que me atendia. Acredito que ao entrar nas lojas (movelarias) eu estivesse atendendo minhas demandas olfativas. Explico: sou fissurado, por exemplo, por cheiro de coisas novas. Eu sentia indescritível prazer ao sentir o cheiro de madeira misturado ao cheiro de verniz ou de óleo que usavam para dar cor aos móveis.

No plano urbano do Rio de Janeiro, a Rua do Catete era, até os anos 1950, a principal via de ligação entre o centro da cidade e os bairros da zona sul, de modo que ali o trânsito de bondes (em mão dupla) era pesado. Estou falando de um Rio de Janeiro sem o aterro e sem túneis, a não ser o Velho e os dois Novos (todos os três dando acesso a Copacabana).

O bairro do Catete tinha três cinemas: o São Luiz, o Polytheama (nós o chamávamos de "pulgueiro", "polipulga" ou "poeira", por razões óbvias) e o Azteca. O São Luiz era uma catedral, tinha um salão enorme, com paredes e chão de mármore, grandes espelhos, lustres e cortinas. A imensa plateia lembrava a dos grandes teatros clássicos: além das cadeiras (de couro) no piso, o São Luiz tinha três galerias. Tempos depois, ele foi derrubado e, em seu lugar, construíram uma galeria de lojas e dois microcinemas vagabundérrimos.

O Polytheama era um cinema de segunda linha, de um tipo que jamais fazia lançamento de filme. No Polytheama, conforme se dizia, só passava filmes "repetidos". É estranho dizer isso, mas esse era justamente o seu charme. Frequentei muito o velho cine e nele assisti a filmes de Roy Rogers e Tom Mix, *cowboys* clássicos. No "polipulga" assisti a um seriado (12 capítulos), cujo título era *Hurricane express*. O seriado, se não me falha a memória, era de 1932. O "mocinho" era John Wayne garotão.

No Polytheama as cadeiras eram de madeira e, obviamente, rangiam. Era muito frequentado por peões de obra (os "paraíbas") e empregadas domésticas do bairro. Como o São Luiz, ficava no Largo do Machado.

O Azteca foi construído por um grupo econômico mexicano e lá só eram levados filmes da Pelmex, Películas Mexicanas. Cansei de ir lá ver as suntuosas pernas das atrizes Maria Antonieta Pons e Ninon Sevilla. A fachada do cinema era uma imitação *kitsch* de um templo azteca. Quando foi derrubado, em 1973, construíram no terreno um edifício de escritórios (Rua do Catete, n.º 228).

O Azteca não ficou na minha memória apenas por causa dos seus filmes ou das coxas das grandes atrizes e cantoras mexicanas. Ao seu lado havia uma confeitaria (não lembro o nome), onde era possível tomar um inesquecível sorvete de milho-verde. Uma vez, levei Clarice, que detestou o sorvete: "Tem pouco açúcar", disse ela. Fiquei ofendido: como ela podia não ter gostado daquela maravilha? Clarice não gostou da minha reprimenda. Disse que eu era um grosso, virou-me as costas e caminhou na direção do Largo do Machado. Deixei-a ir: "Foda-se!".

À noite, liguei para ela. Pedi desculpas e ela aceitou. Eu não a amava (eu amava Lisa), mas gostava muito de Clarice.

*****

Eu descia a Marques de Abrantes ou a Senador Vergueiro, atravessava a Praça José de Alencar, caminhava pela Rua do Catete em direção ao Largo da Glória. Numa altura qualquer do percurso, às vezes eu subia no bonde e descia no centro da cidade, no Tabuleiro da Baiana, Largo da Carioca, onde os bondes chegavam pela Rua 13 de Março e faziam o retorno pela Rua Senador Dantas.

Eu caminhava pelas ruas do centro, mas eu preferia mesmo era andar pelo Catete, cujas transversais tinham prédios, casas, botequins e sobrados. Num deles, na Rua Correia Dutra, entre a Rua do Catete e Rua Bento Lisboa, funcionava um *rendez-vous*, vulgo puteiro, onde, de vez em quando, eu ia só ou com outros rapazes dos Bancários. A primeira vez que fui lá, comi uma nordestina de cabelos oxigenados.

O *rendez-vous* da Correia Dutra era muito frequentado, principalmente aos sábados. No andar térreo havia um enorme salão com poltronas e cadeiras. Era o local onde as mulheres se exibiam para a clientela que, após rápido exame visual, que incluía pernas, peitos e bunda, escolhia a que melhor lhe apetecia. Uma escada de madeira levava ao andar superior, onde estavam os quartos, que eram mínimos, suficientes para caber uma cama (de solteiro) e uma mesinha de cabeceira, onde repousavam um abajur de luz fraca e um cinzeiro.

Eu não gostava de ir ao tal *rendez-vous* da Correia Dutra, pois não sentia prazer em comer puta. Tinha medo de pegar alguma doença e, com isso, afetar meu pau de forma irremediável. Naquele tempo, a gente sabia pouco sobre esses assuntos, e o que sabia era lenda. Eu tinha informações (erradas, naturalmente) sobre certa doença venérea incurável que fazia o pau cair. Minha geração viveu assustada.

Um sujeito dos Bancários nos levou, uma noite, a um *rendez-vous* na Rua da Glória. Fomos. Uma merda – inferior ao puteiro da Rua Correia Dutra. Mesmo assim, fui moralmente obrigado a comer uma mulatinha de cabelos besuntados de um óleo fedido, que nem fingir que estava gozando sabia. Devia ser nova na vida. Tempos depois, eu soube que naquele sobrado funcionara, entre 1945-1947, a sede do Partido Comunista Brasileiro.

Para mim, existe uma amarga e triste ironia nessa história: o prédio onde Prestes, Marighella, Joaquim Câmara Ferreira, Antônio Maciel Bonfim, Agildo Barata, Astrogildo Pereira e Diógenes Arruda, entre outros tantos figurões do PCB, pensaram, discutiram e sonharam o glorioso futuro do socialismo no Brasil, transformara-se num *rendez-vous*, vulgo puteiro, de baixa qualidade.

*****

RIO DE JANEIRO, 1958

Em fevereiro de 1957, pintou no norte da China a chamada pandemia da gripe asiática. Da China, a gripe migrou, em meados de abril, para Hong Kong e Singapura, de onde se espalhou pela Índia e Austrália. Após se instalar em toda a Ásia, a epidemia atingiu, em julho, a África, onde grassou como fogo num palheiro. Em outubro, os primeiros casos foram detectados nos Estados Unidos, logo atingindo o México e os países da centro-américa. No Brasil, pelo que se sabe, a epidemia chegou por três caminhos: Europa, África e América do Sul.

A Organização Mundial da Saúde (OMS) reconheceu que a epidemia atingira, desde a sua eclosão africana, escala planetária, afetando, segundo cálculo dos especialistas, mais da metade da população mundial. Hoje, a OMS admite que a gripe asiática matou mais de um milhão de pessoas no mundo, dos quais 70 mil nos Estados Unidos. Não há registros de quantos morreram no Brasil.

Nos Bancários, a gripe asiática chegou no início de 1958. E como não podia deixar de ser, fui uma das suas vítimas. Quase morri.

Gramei dias e noites de febre intensa, delírios e sonhos tenebrosos. Ainda hoje, passados tantos anos, lembro-me do médico indo à minha casa, dos cuidados de Estrela e de Yeda, da preocupação estampada no rosto de Joaquim. Nos raros momentos de lucidez, eu via no rosto das pessoas o sinal de que eu estava praticamente condenado à morte.

Quando fiquei bom e pude, finalmente, sair e tomar banho de sol no parque, eu soube que outros tantos da turma tinham sido vítimas da epidemia. Ninguém morreu, mas ficamos todos muito combalidos, esquálidos, pálidos e sem ânimo, inclusive para as lides futebolísticas.

Estrela, muito religiosa, obrigou-me a ir, no domingo seguinte, à missa na Igreja da Santíssima Trindade, na Rua Senador Vergueiro, promessa que ela tinha feito pela minha recuperação.

Essa ida à igreja, contudo, proporcionou-me uma visão inesquecível: ao lado da mãe e da irmã, lá estava Lisa, sempre linda, um véu branco sobre os cabelos negros. Rezava, sem saber que a poucos metros um infeliz convalescente a observava entre suspiros e "ais" de desesperança.

*****

RIO DE JANEIRO, 1956 OU 1957

Quando Doralice começou a falar, juro que não entendi onde ela queria chegar. Falou-me da sua adolescência em Muriaé, dos pais, dos irmãos, de um namorado que tivera aos 15 anos. O sujeito chamava-se Eusébio, era filho do farmacêutico da cidade. Doralice viera morar no Rio, na casa de uma tia, irmã da sua mãe, quando tinha 20 anos. Perguntei quando tempo ela namorara o tal de Eusébio.

— Uns dois anos. – Baixou a voz: – Fui deflorada por ele.

Depois de muitos rodeios e saracoteios, ela contou que tinha encontrado por acaso Eusébio no Largo do Machado. Conversa vai, conversa vem, lembrancinhas para cá, lembrancinhas para lá, confessou-me: descobriu que ainda o amava. E exagerou:

— Percebi que Eusébio é o homem da minha vida.

— Essa história parece coisa de cinema – comentei.

Bem verdade que não acreditei na história de Doralice. Ela não via o ex-namorado há muitos anos. Não seria um encontro fortuito, numa praça suja e cheia de mendigos, que iria lhe despertar a velha paixão adormecida, expressão que ela usou para descrever o que sentia. (Lembrei-me de uma aula do professor Orlando Valverde, que, ao falar no Vesúvio, ele usou palavras semelhantes: "vulcão adormecido").

Perguntei se ela tinha reatado o antigo namoro. Ela disse que não.

— Pretende reatar?

Pensativa, Doralice sorriu, mas reconheceu que isso era quase impossível.

— Não sei se ele ainda me ama. Acho que não. Fez uma pausa: – Pelo menos não demonstrou.

— Ele é casado?

— Desquitado. A ex-mulher ainda mora em Muriaé.

— Ele chamou você para dar um bordejo?

— Não, mas me deu o telefone dele.

— Então liga para ele.

Silêncio.

— Pensei que você fosse ficar puto.

O comentário de Doralice parecia uma queixa, ou, o que era mais provável, mera simulação. Olhei nos olhos dela:

— Claro que estou puto. E muito. Mas adianta fazer drama?

Doralice me abraçou, pôs as pernas entre as minhas e sussurrou:

— Você é um amor de pessoa.

Eu a beijei. E fodemos.

No quarto ao lado, Klaus dormia. Talvez sonhasse com Heike. Talvez estivesse mergulhado em sonhos medonhos.

— 9 —
POLOP

RIO DE JANEIRO, INÍCIO DOS ANOS 1960

Ao terminar o terceiro ano do clássico no Souza Aguiar, fiquei uma temporada sem estudar – estudos formais, bem entendido. Joaquim tinha ido morar em São Lourenço, onde havia arrumado emprego.

Fiquei quase um ano lendo muito, perambulando pelo Catete e pelo centro da cidade e, vez por outra, em geral aos sábados, frequentando o *rendez-vous* da Correia Dutra. Eu, nessa época, ganhava alguns cobres fazendo traduções de livrinhos de bolso, desses que são vendidos em bancas de jornal.

Doralice, enquanto fodia comigo duas ou três vezes por semana, passou a se encontrar com o Eusébio, com quem, ao cabo de um ano, um ano e meio, foi morar em São Gonçalo. Ela me disse que, a partir daquele dia, não iria mais foder comigo: passaria a ser uma esposa fiel, dedicada ao lar e aos filhos, caso os tivesse. Achei justo – e disse isso a ela, que me deu um beijo, creio que agradecida. Doralice era uma grande mulher. Nunca mais soube dela.

*****

Atormentado pela morte de Heike e dominado por seus pesadelos existenciais, Klaus suicidou-se, ingerindo um corrosivo violento. Enquanto agonizava no sofá da sala, na vitrola um disco arranhava o 2º movimento da 9ª Sinfonia de Beethoven. Foi assim que Doralice o encontrou no anoitecer de um sábado cinzento, chuvoso e triste.

*****

No início dos anos 1960, Clarice não era mais minha namorada. Eu continuava a amar Lisa, que, eu soube, estava namorando um filhinho de papai, estudante de Engenharia na PUC. Não tenho vergonha de dizer que eu chorei – de raiva e ciúme – ao saber.

*****

No início dos anos 1960, a tensão política no Brasil ia a cada mês se agravando. Nuvens negras pairavam no horizonte, prometendo chuvas, relâmpagos e trovoadas.

Em 1961, Jânio Quadros, movido por hectolitros de destilados e torturado pelos seus demônios interiores, jogou tudo para o alto e renunciou ao mandato de presidente, imprecando contra Brasília, que ele odiava, e contra as chamadas "forças terríveis", que, segundo ele, impediam-no de governar.

Em Brasília, após entregar a carta em que renunciava à Presidência, tomou um avião até São Paulo, desceu a serra e, em Santos, embarcou num cargueiro rumo à Europa, onde ficou um ano. Durante a travessia do Atlântico era visto no convés, trôpego, a vociferar contra tudo e todos. Dizem que, furioso, bebeu todas. Na viagem e no Velho Mundo.

Enquanto o ex-presidente singrava as águas azuis do Atlântico, o Brasil pegava fogo. Os ministros militares – Gabriel Grün Moss, da Aeronáutica; Odílio Denis, da Guerra; e Silvio Heck, da Marinha – tomaram a decisão estúpida de impedir a posse do vice-presidente João Goulart, em viagem oficial à República Popular da China. Os ministros militares eram da opinião de que João Goulart levaria o país à anarquia e ao comunismo. Diziam também que Jango pretendia transformar o Brasil numa "República sindicalista", que ninguém jamais explicou o que era.

O governador do Rio Grande do Sul, Leonel Brizola, insurgiu-se contra os ministros militares, criou a Rede da Legalidade, mobilizou o povão e os militares nacionalistas. O Brasil viveu dias tensos, à beira da guerra civil.

A crise acabou sendo superada: o governador Brizola dobrou os golpistas, mas as forças conservadoras convenceram João Goulart a aceitar a chamada solução parlamentarista, o que foi um grave erro político do novo presidente.

Nós, nos Bancários, acompanhamos eletrizados a crise e, inclusive, bolamos um plano maluco de roubar um ônibus – porra, um ônibus! – e irmos para o sul nos unir às forças brizolistas. Claro, nosso plano virou chacota na Rua Marques de Abrantes e adjacências, o que nos levou a desistir da empreitada e a jurar que tudo não passara de uma piada.

Bem verdade que não éramos unânimes quanto à defesa da posse de João Goulart. Dois ou três rapazes dos Bancários tomaram a defesa dos militares golpistas, o que, até aí, era perfeitamente normal. Um dos mais veementes defensores do golpe tornou-se mais tarde policial militar. Anos depois, ele foi deslocado para o Departamento de Ordem Política e Social, o DOPS. Seu nome consta da lista de torturadores. Quando penso nisso, tenho vontade de chorar. Porra, o cara foi meu amigo de infância, crescemos juntos, jogamos pelada juntos e fomos à praia juntos!

O governo João Goulart foi um período de grandes agitações políticas. O presidente propôs aos brasileiros um generoso programa de reformas, a que deu o nome genérico de reformas de base. De fato, se implantadas, elas teriam mexido profundamente nas bases político-econômico-sociais do país. As elites, os grandes interesses internacionais e os políticos conservadores e reacionários, contudo, mobilizaram-se e, com o apoio ostensivo e material dos Estados Unidos, em 1964, golpearam o presidente João Goulart, que partiu para o exílio no Uruguai.

Em 1964, a noite da ditadura desceu sobre o Brasil. Uma noite de 21 anos.

*****

O golpe militar desencadeou uma onda de prisões políticas nunca vista no Brasil, nem mesmo durante o Estado Novo. Em 1964, para piorar as coisas, instituiu-se e estimulou-se o dedurismo, que foi usado a torto e a direita, inclusive como desforra de quizílias pessoais. O dedurismo é abjeto em si mesmo, mormente quando é usado contra colegas de trabalho ou contra pessoas de quem simplesmente não se gosta. Mas essa prática (estimulada) foi muito comum a partir do momento em que os milicos assumiram o controle político do Brasil.

Nos Bancários, a polícia política andou vasculhando apartamentos, cobrando informações (delações) e prendendo algumas pessoas, inclusive o Boris. O mais grave aconteceu quando soldados fardados e paramentados (usavam, inclusive, metralhadoras) invadiram o apartamento n.º 1707, alugado por membros de uma missão comercial da República Popular da China. Os nove chineses foram violentamente espancados. Alguns tiveram as unhas arrancadas a alicate. Um teve o abdome pisado a ponto de sofrer, na hora, uma evacuação involuntária. Os chineses carregavam dinheiro do governo chinês, que foi apreendido e nunca devolvido; hoje, corrigido, seria quase um milhão de reais.

Os jornais que apoiavam o golpe militar informaram que eles estavam no Brasil para orientar João Goulart no processo de implantação do socialismo no Brasil. Em 3 de abril de 1964, o secretário de Segurança da Guanabara, Gustavo Borges, deu notável contribuição ao besteirol reinante ao afirmar: "Para subverter a ordem política do país, os chineses contavam com armas pouco usadas: agulhas envenenadas, comprimidos letais e pipas com bombas teleguiadas em forma de pássaro". Inacreditável, mas verdadeiro.

Desde 1961, eu e alguns amigos do Souza Aguiar nos envolvemos na luta política. Nós nos tornamos militantes da POLOP, organização da qual faziam parte Theotônio dos Santos, Vânia Bambirra, Moniz Bandeira, Juarez Guimarães de Brito (uma figura extraordinária), Maria do Carmo Brito, Ruy Mauro Marini, Eder Sader e Emir Sader.

*****

Nos primeiros dias de abril, telefonemas anônimos e ameaçadores para minha casa, dados por um vagabundo covarde, fizeram-me ficar de orelha em pé. Assustada, pois era sempre ela que atendia os telefonemas, Estrela pediu que eu fosse passar uns dias na casa de minha tia Hortência. Preferi, contudo, refugiar-me na casa de um ex-colega do Souza Aguiar, de quem me tornei amigo do peito. Ele se chamava Wilson e morava na Ilha do Governador, naquele tempo um paraíso bucólico. Fiquei por lá uns dez dias, findos os quais tentei restabelecer inutilmente contato com a POLOP. Telefonei então para Joaquim, que me aconselhou a ir passar uma temporada com ele em São Lourenço, onde eu estaria seguro.

Arrecadei alguma grana com Estrela e minha tia Hortência e tomei um ônibus na rodoviária, muito policiada. Fiquei seis meses em São Lourenço, onde, uma noite, resolvi ir à zona. Fodi uma paraibana de cara redonda e cabelos oxigenados que disse se chamar Lolita. É mole? Lolita!

Lolita, a paraibana oxigenada, passou-me uma baita gonorreia. A primeira e última que peguei na vida.

*****

SÃO LOURENÇO, 1964

Fiquei seis meses em São Lourenço, curtindo as águas e a tranquilidade da cidade. Comprava diariamente dois jornais (chegavam de São Paulo no ônibus das 14h), via o noticiário na televisão, o que me deixava puto. Joaquim me pediu que não falasse de política com ninguém da cidade: todos ali, pelo menos os próximos, apoiavam o golpe.

A verdade é que o Brasil se transformara num horror. Prisões, inquéritos, anulação de atos do governo deposto, cassações, demissões, discursos oportunistas de políticos. Alguns jornalistas sem escrúpulos mentiam descaradamente, tripudiavam os políticos presos, asilados e exilados, puxavam o saco dos milicos. Todos os políticos ligados ao governo deposto eram tratados como ladrões pestilentos, que a "Redentora" (um debiloide qualquer deu esse nome escroto ao golpe militar) prometia punir.

Joaquim parecia estar bem, tranquilo, nem de longe lembrava o sujeito alquebrado da época em que se separou de Estrela. Tinha engordado um pouco.

Uma noite, após o jantar saímos para caminhar. O ar estava frio e a cidade quieta, pouca gente na rua.

— Como está a sua mãe?

— Ela está bem, menos assustada agora.

— Assustada?

Expliquei:

— Ela nunca tinha trabalhado. No início ela ficou muito assustada. Trabalhar foi um desafio que ela enfrentou com coragem. Ela tinha medo de errar, de não ter condições de executar suas atividades.

Após um curto silêncio, Joaquim murmurou:

— Imagino o que ela sentiu.

Silêncio. Resolvemos sentar num dos bancos da praça.

— E os seus irmãos?

— Mário não é de falar muito. Mas ele sofreu com a separação de vocês.

— O que ele está fazendo? Está trabalhando?

— Ele é bancário. Tiago vai bem. Está estudando.

Silêncio. As estrelas cintilavam no céu sem nuvens. Joaquim voltou a falar:

— Para mim, foi muito difícil aceitar o trabalho de sua mãe, Vitor. Eu me senti humilhado, muito humilhado.

— Eu entendo, pai. Mas vocês não se separaram apenas por isso.

Joaquim pensou um pouco. Foi lacônico:

— Nosso casamento tinha acabado bem antes de Estrela resolver trabalhar.

Silêncio.

— As coisas estão mudando, pai. Hoje muitas mulheres trabalham.

Joaquim não respondeu diretamente o que eu disse, mas fez um comentário amargo:

— Não fui um bom pai. Eu sei que não fui.

— Não diga isso. Você foi um bom pai, sempre foi. Só não foi um bom marido.

Joaquim não esperava de mim esse tipo de comentário, mas não disse nada. Deve ter percebido que, apesar das minhas palavras, eu não queria magoá-lo.

— Vamos caminhar mais um pouco – disse ele, levantando-se.

O frio tinha aumentado, de modo que eu sugeri que a gente voltasse para a pensão. Ao chegarmos, Joaquim propôs que tomássemos um café antes de nos recolhermos. Como pretendia continuar a leitura do livro *Madrugada sem Deus*, de Mário Donato, que eu comprara numa papelaria da cidade, topei a ideia. Durante o café, conversamos amenidades. Joaquim parecia estar mais leve.

Quando desejei boa noite ao velho, ele me olhou de uma maneira que me comoveu e disse, em voz baixa:

— Obrigado por me ter na conta de um bom pai.

Emocionado, eu o apertei nos meus braços. Como nunca tinha feito.

*****

RIO DE JANEIRO, 1964

Quando retornei ao Rio de Janeiro, procurei refazer meus contatos com a POLOP. Fui atrás de um amigo, o Aristóteles, que morava em Botafogo, numa transversal da Rua São Clemente. Era domingo e ele estava em casa, sozinho, a família tinha viajado. Conversamos longamente. Ele me disse que também ficou um tempão longe da organização, mas que agora as coisas estavam começando a se arrumar. O golpe tinha desestruturado a organização, argumentou.

Vários companheiros tinham sido presos, mas alguns já tinham saído. Militantes de Minas Gerais tinham sido transferidos para o Rio, onde não eram conhecidos nem procurados. Pelos mesmos motivos, a organização mandou gente do Rio para São Paulo e Minas. Com isso, o problema da segurança foi parcialmente solucionado, mas outro, bem maior, surgiu: o problema da grana.

Lembrei-me de uma amiga minha, filha de um ex-assessor do presidente João Goulart. Ela, sem dúvida, poderia arranjar algum dinheiro, não sei se todos os meses. Ela morava no Cosme Velho, eu tinha ido duas ou três vezes à casa dela. Passei o endereço ao Aristóteles.

— Que merda de organização – ele resmungou de repente.

Dei uma gargalhada:

— Lembra-se da reunião que fizemos na véspera do comício do dia 13 de março? Como é o nome daquele dirigente da POLOP, daquele cara que passou a reunião cagando regra sobre a política brasileira? O escroto achava que o Jango ia aproveitar o comício para dar um golpe, lembra? Quando eu falei que Jango não ia dar golpe porra nenhuma, que o golpe seria dado pela direita, o que foi que o filho da puta falou? Lembra? O veado me olhou com desprezo e disse que eu estava equivocado, que a direita não tinha condições de dar golpe nenhum, e coisa e tal. Lembra? Por onde anda aquele filho da puta?

Aristóteles não parava de rir:

— Com dirigentes e estrategistas desse tipo, a gente tinha mesmo era que se foder de verde e amarelo!

Ficamos o resto da tarde rindo de nós mesmos e da crença que depositamos numa organização que dezenove dias antes do golpe militar acreditava que o golpe seria dado pelo presidente João Goulart.

*****

RIO DE JANEIRO, 1964 OU 1965

A POLOP decidiu fazer uma panfletagem no centro do Rio de Janeiro. A ideia era levar a ação no fim da tarde (ou início da noite) de um dia de semana (de preferência quarta-feira), quando houvesse bastante gente nas ruas.

Pares de militantes subiriam até o último andar de um edifício previamente escolhido e de lá jogariam os panfletos que denunciavam o golpe e o imperialismo, e conclamava o povo a resistir. Faríamos isso em dez prédios do centro, distribuídos pela Cinelândia, Rua Senador Dantas, Largo da Carioca, Rua Araújo Porto Alegre, Avenida Graça Aranha e Rua México.

O panfleto foi escrito pela direção e falava nas coisas de sempre: golpe militar, imperialismo ianque e no despertar dos povos subdesenvolvidos. Denunciava as prisões, a tortura e a perseguição aos líderes populares, e terminava com palavras de ordem manjadas: abaixo a ditadura, abaixo o imperialismo, abaixo isso, abaixo aquilo, abaixo tudo! Pensei comigo: ninguém vai perder tempo e ler essa merda.

O panfleto foi impresso numa gráfica clandestina, que produziu um material de baixíssima qualidade, borrado e quase ilegível devido à escassez de tinta. Reconheço, porém, que não se tinha condições (grana!) de fazer melhor.

A organização não tinha recursos, e sem recursos nada ou pouco se podia fazer. Considerando as circunstâncias, a panfletagem não era exatamente uma tolice, mas um ato corajoso e, como veríamos depois, inútil. A POLOP, enfim, ia fazer alguma coisa, pois desde o golpe se limitara unicamente a lamber as feridas, que eram muitas e sérias, devido aos seus próprios erros.

Fui escalado para panfletar do alto do prédio do cinema Odeon, na Cinelândia. Comigo iria uma companheira, cujo nome (de guerra, certamente) era Ana. Pelo sotaque, notava-se que era mineira, mas isso não podia ser dito, nem vagamente sugerido. Afinal, a POLOP era uma organização clandestina e dos seus militantes eram exigidas todas as cautelas. Bobagem.

O meu nome de guerra na ocasião era Rubens, que eu próprio tinha escolhido. No Souza Aguiar tive um colega de turma chamado Rubens, um sujeito muito engraçado. Não sei se o subconsciente me traiu, mas quando escolhi o meu nome de guerra não pensei no meu ex-colega, a quem nunca mais vi ou soube o paradeiro.

Apesar de me considerar um revolucionário sincero e sério não pude deixar de examinar as belas pernas de Ana. Gosto muito de mulheres cujas batatas das pernas são rijas e torneadas, como as dela. A companheira Ana era baixinha e tinha uma bunda convenientemente redonda. Os seios da revolucionária eram médios e empinados, do jeito que eu aprecio. Enfim, Ana era um tesão de mulher.

Devo reconhecer: ambos estávamos com o cu na mão, imaginávamos riscos, denúncias, prisões, mas em momento algum pensamos em desistir da empreitada. Afinal, éramos ou não revolucionários? O elevador do prédio do cinema Odeon era daqueles antigos, de portas pantográficas. Fazia um esporro danado ao se movimentar.

Subimos até o último andar, pedi a Ana que segurasse a porta do elevador. Aproximei-me da janela. Olhei. Muita gente na rua. Joguei a papelada de uma só vez, que se espalhou no espaço, criando um belo efeito visual. Entramos no elevador, abraçamo-nos como se fôssemos namorados e descemos. Não fiquei excitado, estava preocupado demais com o desembarque no térreo. A polícia estaria nos aguardando?

Para nossa decepção, os panfletos estavam espalhados pelo chão (alguns ainda voavam movidos pelo vento). Ninguém os lia, os transeuntes indiferentes e apressados pisavam neles sem se darem conta do que representavam e falavam.

Ficamos os dois algum tempo próximos a uma árvore, observando a inutilidade da ação revolucionária que tínhamos empreendido. O braço direito de Ana enlaçava a minha cintura, enquanto o meu estava pousado no seu ombro. A encenação, no fundo, era absolutamente desnecessária, mas mantivemos o *script*.

Ela permaneceu em silêncio, respirando forte, atenta, como convém a uma guerrilheira ciosa das suas responsabilidades e ações. Eu olhava para ela, encantado com aquele rosto de adolescente travessa (conforme os níveis da adrenalina baixavam, eu fui ficando excitado).

— Acho melhor irmos embora – ela disse, afastando-se de mim.

— É... Nada vai acontecer.

Silêncio.

— Vamos tomar um chope no Amarelinho?

Ela me olhou séria:

— Tenho outro compromisso.

Lamentei:

— Uma pena.

Fiz um comentário banal, mas cheio de interesse:

— Podemos nos encontrar outro dia?

Ela permaneceu muito séria, mas cheguei a sentir que ela se divertia com a minha ousadia.

— É contra a segurança, Rubens. – E acrescentou, esboçando um sorriso de ironia: –Além disso, sou casada.

*****

Aristóteles deu uma gargalhada:

— Porra! Você cantou a mulher de um dirigente!

— Eu não sabia, juro. Pensei que fosse apenas uma militante. Fiz uma pausa e acrescentei: – Que ela é bem gostosinha, é!

Aristóteles riu do meu comentário machista e disse:

— Ela era estudante em Minas Gerais. Quando o marido foi em cana, ela teve que se mandar. Veio para o Rio. O marido continua preso.

— 10 —
FNFI

RIO DE JANEIRO, 1964

No dia 31 de março, o golpe em andamento, marquei um encontro com um companheiro da POLOP, cujo nome de guerra era Renato, e fomos a Olaria atrás de uns caras que tinham organizado o Grupo dos 11. Foi uma dificuldade, pois nem eu, nem o Renato, jamais tínhamos ido a Olaria. Nossa vida tinha se passado sempre na zona sul.

O líder do Grupo chamava-se, se a memória não falha, Honório, e morava num beco sórdido e estreito de uma transversal da Rua Bariri, numa casa de fundos, um verdadeiro labirinto.

Depois de muitas idas e vindas, batemos na casa de Honório. Ele era baixo, careca e barrigudo. Tinha olhos assustados. Foi simpático, ofereceu-nos um cafezinho, mas não parecia estar disposto a se mexer. Honório tinha um cachorro, um vira-lata cor de café com leite, que não parou de latir um só instante. Explicou: o animal, que atendia pelo nome de Barão, não gostava de visitas: "Mas não se preocupem, ele não morde. Só faz barulho".

A verdade é que Honório estava se borrando de medo – e com razão. Informou que tentara fazer contato com outros grupos, mas não conseguiu. Reclamou de tudo e de todos. "Todos estão com o cu na mão", vociferou. "Fomos largados pelas lideranças, que estão fugindo". Tomou fôlego e acrescentou: "Ouvi agorinha no rádio que o Jango se mandou para Brasília e que, de lá, vai embora do Brasil". Baixou a voz: "Estamos fodidos!".

Eu e Renato nos olhamos. Trocamos algumas abobrinhas, mas percebemos que tudo seria inútil. Não tínhamos mais nada a fazer ali.

*****

Havia poucos ônibus rodando, mas conseguimos chegar ao centro da cidade. A Cinelândia estava fervilhando de gente. Da varanda do Clube Militar (esquina da Avenida Rio Branco com a Rua Santa Luzia) uns sujeitos (certamente militares) atiravam contra outros sujeitos (civis) que estavam encurralados dentro de um bar, ao lado do cinema Odeon. Dois civis, completamente desajeitados, disparavam de volta.

Eu e Renato, com a imprudência própria dos jovens, atravessamos correndo a Cinelândia em direção ao bar. Ficamos aboletados atrás de umas caixas de cerveja. Não sabíamos o que fazer. De repente, o susto: um sujeito que estava próximo de nós levou um tiro na cabeça e foi jogado a distância. A cena foi impressionante. Nunca vi tanto sangue na minha vida. Nem gosto de lembrar.

Percebi, naquele instante, que a batalha (que não houve) contra os golpistas estava irremediavelmente perdida. Os inimigos tinham armas de fogo e nós sequer tínhamos um cortador de unha. Olhei para Renato, que compreendeu meu recado. Saímos do bar, que estava em polvorosa, e corremos em direção à Rua do Passeio.

— Nos fodemos... – Renato estava triste quando resumiu a situação em que estávamos.

No Largo da Lapa resolvemos nos separar. Trocamos um abraço em silêncio. Renato ia tentar chegar à Tijuca, onde morava o irmão do seu pai, que talvez lhe desse abrigo. A greve geral decretada pelo Comando Geral dos Trabalhadores (CGT), tirara 80% dos ônibus (e, em consequência, o povo) das ruas, facilitando a vida dos golpistas, cujos veículos (tanques, inclusive) podiam trafegar à vontade e ocupar pontos estratégicos da cidade.

Avancei pela Rua da Lapa, atravessei o Largo da Glória e segui pela Praia do Flamengo. Passei pela sede da UNE. Estava em chamas. Rapazes e moças da classe média, bem nutridos, bem-vestidos, bem penteados, comemoravam a vitória sobre o comunismo ateu. Usavam lenços azuis no pescoço e gritavam "Vivas" a Carlos Lacerda e às gloriosas Forças Armadas. Eram membros da Ação Anticomunista, organização, soube-se depois, financiada pela embaixada dos Estados Unidos. Foram os filhos da puta da Ação Anticomunista que botaram fogo no prédio da UNE.

Fui para casa, nos Bancários. Em casa, tranquei-me no quarto e chorei – de raiva, de tristeza e de pena de mim mesmo. Estrela me viu chorando, mas não disse nada. Ao contrário de Joaquim, ela não gostava de João Goulart.

Bati na casa de Yeda. Fiquei conversando com ela e com o marido, que tentou me consolar dizendo que o golpe não ia dar em nada. Brincou: "Estamos ou não estamos no país do carnaval?".

*****

Os dias seguintes foram de foder. Prisões, denúncias, perseguições, boçalidades e, como diria Stanislaw Ponte Preta, besteiras. No dia 2 de abril, o escritor Carlos Heitor Cony publicou uma crônica – "Da salvação da pátria" –, que acabou se tornando o primeiro ato de defesa da democracia ofendida pelos golpistas.

A partir desse dia, ler o *Correio da Manhã* tornou-se o grande consolo dos derrotados – nós.

*****

RIO DE JANEIRO, 1965

As coisas estavam complicadas na FNFi.

Muitos professores foram demitidos, aposentados, presos e perseguidos. Alunos foram expulsos e presos. Livros foram retirados da biblioteca e devidamente pulverizados. Livros que os milicos chamavam de subversivos, como os de Karl Marx, Lênin, Mao, Engels e Trotski, e livros que, na opinião dos interventores, tinham inequívoco conteúdo pernicioso ou imoral.

*****

Depois das expulsões, cassações e perseguições, campeava na FNFi a deduragem como virtude cívica. Não só tínhamos a polícia diretamente na nossa cola, muitas vezes cercando o prédio da faculdade, como éramos obrigados a conviver com agentes infiltrados (às vezes, não eram sequer tiras, mas informantes), gente da nossa idade, gente que se vestia como nós, gente que estava conosco em sala de aula e nos corredores apenas para nos espionar e nos entregar à polícia.

Uma vez, um sujeito (confirmamos depois que realmente ele era da polícia) candidatou-se a presidente do Diretório Acadêmico. Seu vice, agente mais ostensivo, era um conhecido lutador de jiu-jitsu, ligado à família e à academia dos Gracie. Um colega nosso, chamado Moisés, aproveitou um debate que esse candidato a presidente do DA estava fazendo no auditório da Faculdade para denunciá-lo, cara a cara, dedo em riste, aos berros, como um dos sujeitos que o tinha torturado em abril de 1964. Foi um escândalo dos diabos, um bafafá do caralho. Pois bem, os dois, candidatos a presidente e a vice, tentaram se defender, ameaçaram Moisés de morte. Depois disso sumiram da faculdade. Tinham sido desmascarados. Foram espionar noutro terreiro.

Na FNFi, nosso tempo era mais ou menos dividido assim: aulas, ler, fazer política e foder as coleguinhas, muitas das quais estavam dispostas a ficar livres da "tirania da virgindade", conforme me disse uma companheira judia, ligeiramente estrábica, que eu comi algumas vezes. Como se vê, apesar de sermos de esquerda, éramos despudoradamente machistas, embora jurássemos de pés juntos que sonhávamos com um mundo sem desigualdades de classe, raça e gênero.

Política nós fazíamos por meio de partidos e organizações políticas e revolucionárias (hoje, quando digo isso tenho uma puta vontade de rir). O grosso da estudantada era vinculado (militantes e simpatizantes) ao Partido Comunista Brasileiro, o Partidão. Nós chamávamos os militantes do Partidão de *reformistas*. Era uma acusação. Nós, da POLOP, PCdoB e outras organizações nanicas, éramos (bem, assim nos julgávamos e proclamávamos) *revolucionários*. Era um autoelogio.

Os reformistas, ou seja, os militantes e simpatizantes do Partidão, diziam que nós, os revolucionários, éramos *porra-loucas, inconsequentes*. Nós dizíamos que eles eram *acomodados, derrotados*. No fundo, éramos, todos nós, grandíssimos babacas, que, diante de um inimigo poderoso, perdíamos tempo e unidade com discussões tolas e pseudoideológicas, que nos dividiam e nos tornavam alvos fáceis da repressão. Ok, havia conteúdo político nessas discussões, o que não invalida o reconhecimento de que a divisão, mesmo embasada, só nos fodia.

O que fica claro, porém, é que tanto nós, os *revolucionários*, como eles, os *reformistas*, tínhamos uma visão dicotômica da realidade, o que, no fim de tudo, parece-me ser a maneira pela qual a esquerda, ainda hoje, vê a realidade, supondo que são dialéticos.

A direita não tinha vez ou voz na FNFi, a não ser em circunstâncias meramente pontuais, como a que eu contei anteriormente.

*****

O tratamento cínico que dou às organizações políticas de esquerda tem uma razão de ser. Sou, por natureza, uma pessoa avessa a atitudes e comportamentos arrogantes, grandiloquentes e autoritários.

As organizações políticas de esquerda eram (ainda hoje o são) arrogantes e autoritárias. Partiam do princípio hierárquico da obediência absoluta às instâncias superiores, mesmo que elas estivessem defendendo o indefensável e proclamando o improclamável. Sei que isso era uma herança do leninismo e do stalinismo, que geraram a distorção chamada "centralismo democrático", o que é, em termos, uma contradição e o testemunho claro da falta de democracia interna dos partidos e das organizações de esquerda. "Centralismo democrático" era um disfarce: seu nome real deveria ser "centralismo absoluto ou totalitário". Centralismo democrático é uma contradição, talvez uma fantasia, quem sabe uma tolice. É, uma tolice.

No dia 13 de março, no histórico Comício da Central, fui obrigado, por obediência partidária, a distribuir um jornaleco da POLOP em que estava dito, em manchete, que o presidente João Goulart aproveitaria a ocasião para dar um golpe. Era um erro crasso da análise política, pois estava na cara que Jango não daria nem tinha intenção (nem condições) de dar golpe algum. Ninguém podia, em sã consciência, acreditar nessa patacoada.

Não distribui todos os exemplares que me deram. Dois terços deles eu joguei numa lata de lixo, mas isso não resolveu inteiramente a angústia que eu sentia – a de pertencer a uma organização capaz de afirmar uma idiotice daquele tamanho.

O golpe (em si), os absolutos despreparos político e ideológico da POLOP (e não só da POLOP), incapaz de reagir ao golpe, a debandada dos líderes, provaram apenas o que eu já sabia ou esperava, mas preferia fingir que não sabia ou esperava. Era uma atitude, no mínimo, suicida, mas o que fazer? Eu continuei militando, apesar do que pensava e sentia em relação à POLOP e às organizações de esquerda de modo geral.

Na verdade, eu sabia que seria impossível fazer qualquer coisa contra a ditadura, que eu odiava, sem se estar dentro de alguma organização ou partido. Por isso, com o objetivo de desenvolver algum tipo de resistência, permaneci na POLOP. Droga por droga, pelo menos essa eu conhecia minimamente, sabia das suas limitações e características. Às vezes, a vida não nos dá opções.

Eu acreditava na viabilidade do socialismo – e ainda acredito. Queria vê-lo implantado no Brasil, mas eu sabia que o conduto que nos levaria na direção do socialismo seria a luta contra o regime militar, que impedira as reformas de base propostas por Jango. Socialismo como meta e enfrentamento da ditadura eram duas realidades inseparáveis.

Bem, nós acreditávamos nisso, ou melhor, eu acreditava nisso. Hoje, mais velho e curtido, continuo descrendo do capitalismo e crendo, digamos assim, no "ideal socialista", que nada tem a ver com o chamado "socialismo real", que desmoronou com o muro de Berlim. A questão essencial é a seguinte: como tornar efetivo o ideal socialista – um socialismo democrático e pluripartidário? Como evitar que ele assuma as taras do socialismo real? O socialismo é, hoje, um sonho. Talvez não passe mesmo disso: um sonho. Longínquo. Talvez impossível.

Reli o que escrevi e julgo necessário acrescentar que, no fundo, sou um homem infeliz, o que, talvez, explique a minha atitude cínica diante da vida. Bem verdade que luto contra isso. A vida só tem sentido se a pessoa for capaz de ter crenças.

*****

RIO DE JANEIRO, 1965 OU 1966

Na FNFi conheci figuras notáveis. Um deles, talvez o maior de todos, chamava-se Lincoln Bicalho Roque. Eu o admirava sinceramente. Era um sujeito muito especial, excelente orador, cabeça política centrada, inteligência privilegiada, formação teórica sólida, um cara boa praça, cortês e imbatível numa discussão.

Lincoln morreu das torturas que sofreu após ter sido preso, em 13 de março de 1973, no Rio de Janeiro. Os meganhas informaram que ele havia morrido ao resistir à ordem de prisão. Lincoln era dirigente do PCdoB.

Quando as passeatas começaram, ali por 1966, 1967, eu estava na metade do curso de Sociologia. No meio estudantil discutia-se a opção pela luta armada contra a ditadura, único caminho de resistência que nos restava. A revolução cubana era o exemplo a ser seguido. O romantismo revolucionário – e não a visão clara da realidade – era o combustível da nossa visão política.

A pequena e heroica ilha do Caribe apontava ao "gigante pela própria natureza" qual o caminho a ser seguido. A estudantada ardia de ansiedade, principalmente quando correu no meio universitário a informação de que Carlos Marighela e Joaquim Câmara Ferreira tinham, finalmente, largado o Partidão e criado a Ação Libertadora Nacional (ALN), dando início à luta e ao sonho de todos nós. Na verdade, Marighela e Câmara Ferreira foram expulsos do PCB por discordarem da sua linha pacifista.

Quando deixaram o PCB, Marighela e Câmara Ferreira criaram, em primeiro lugar, o Agrupamento Comunista, uma organização moldada para as tarefas de preparação da luta armada. Documentos divulgados pelo Agrupamento diziam que a criação de um partido político conduziria a nova organização a repetir os mesmos erros do Partidão, o que, mais uma vez, emperraria a luta revolucionária e a resistência à ditadura.

Em 1968, o Agrupamento transformou-se finalmente na ALN, que definiu a luta armada e a guerrilha rural como princípios básicos da sua atuação, desprezando as formulações teóricas genéricas, vistas como um sintoma de burocratização e uma forma de bloqueio da revolução. As ações armadas urbanas da ALN tiveram início no segundo semestre de 1968. Ao mesmo tempo, militantes da organização começaram a percorrer o interior do país, tentando identificar áreas propícias ao desenvolvimento da guerrilha rural.

As passeatas e as manifestações de rua tornaram-se quase diárias. Em contrapartida, a repressão policial jogava cada vez mais duro, passando a utilizar armas de fogo contra a estudantada. Em 28 de março de 1968, nove meses antes do AI-5, o estudante Edson Luiz de Lima Souto, 18 anos, foi assassinado a tiros durante um protesto pacífico no restaurante do Calabouço. Benedito Frazão Dutra, outro estudante, também foi baleado. Levado para o Hospital Souza Aguiar, faleceu ao ser operado. Seis outros estudantes foram feridos.

A morte de Edson Luiz e, semanas depois, a do estudante José Carlos Guimarães, em São Paulo, incendiaram ainda mais os argumentos dos que defendiam a luta armada. Com o AI-5, editado no dia 13 de dezembro de 1968, os militares finalmente implantaram no Brasil a ditadura escancarada, conforme expressão do jornalista Elio Gaspari.

*****

RIO DE JANEIRO, 1967 OU 1968

Na faculdade tive uma namorada, um caso meramente circunstancial, sem amor, mas com afeição. Eu ainda curtia a Lisa, mas a tinha perdido de vista. Ela, para mim, continuava a ser nada mais que a garota dos cabelos e olhos negros que eu amava à distância. Talvez a única mulher que eu, de fato, amei na vida.

Minha namorada da faculdade chamava-se Eloina, que, por sinal, era o nome de uma vedete de grande sucesso nas revistas brasileiras nos anos 1950 e início dos anos 1960. A minha Eloina não tinha as curvas da vedete, mas era bonita e gostosa, como dizia uma musiquinha da época.

Eloina tinha prazer de discutir política, embora ela fosse muito ruinzinha de cabeça. Ela era simpatizante do Partidão. Nunca tive preconceito: para mim pouco importava se minha companheira de ocasião fosse dessa ou daquela organização, concordasse comigo ou não.

Eloina era uma burguesinha muito safada. Morava no Leblon, o pai era empresário, creio que sócio de uma casa de câmbio. A mãe era uma dondoca, que vivia viajando, organizando encontros com outras dondocas, traindo o marido e reclamando da filha – não necessariamente nessa ordem. "Essa menina só me dá desgosto. Cismou agora que é comunista, pode?", dizia ela.

Falando sério... Eloina não era comunista porra nenhuma. Ela era filha única de um burguesão muito rico e de uma dondoca desfrutável. Ela era muito mimada, cheia de manias. Fizera vestibular por acaso, escolhera o curso por acaso, fora aprovada por acaso. Quase tudo na vida de Eloina se dera por acaso, inclusive o namoro comigo. Nós começamos a namorar durante uma passeata, ou, mais exatamente, quando nos escondemos numa pastelaria, fugindo da repressão policial.

O quarto de Eloina – maior do que a sala do apartamento de Estrela – mais parecia uma butique. Ela tinha uma coleção imensa de roupas, bolsas, echarpes, cintos, perfumes e sapatos, embora, na faculdade, ela usasse sempre modelitos simples, em geral calças jeans desbotadas, blusas e sandálias. Um dia, eu disse a ela:

— Você não é nada do que aparenta ser na faculdade.

Ela riu:

— Não vai me entregar, vai?

— Claro que não. Gosto de você como é.

Uma noite, estive na casa de Eloina. O pai tinha ido a São Paulo. A mãe estava recebendo um grupo de dondocas, todas elas muito maquiadas, penteadas e cheias de joias. Tomavam chá e comiam biscoitinhos e canapés. Fui apresentado como "coleguinha de faculdade da Eloina". Eram todas coroas, mas uma delas, cujo sorriso exibiu uma dentadura impecável, de porcelana, era perfeitamente comível. Disse isso a Eloina, que comentou, com raiva:

— Aquele mulherio, inclusive mamãe, vive faturando garotões de praia, daqueles que não fazem merda nenhuma. Vivem de michê. As velhotas são umas putas, que dão dinheiro aos garotões de praia. Fodem com os garotões, enquanto os otários dos maridos ganham dinheiro para manter esse tipo de vida sórdido.

Silêncio. Pensei: disse tudo!

Puxei Eloina, dei-lhe um beijo e a arrastei para a cama.

*****

RIO DE JANEIRO, 1966

Discutir, pensar, falar, desejar, sonhar, teorizar, escrever sobre a revolução é a coisa mais mole que existe. O problema é fazer a revolução, pois ela condiciona-se a um conjunto incontrolável de variáveis político-sociais e ao fato – o mais complicado de todos – de que a revolução é feita por homens e mulheres, seres humanos, falíveis, confusos, contraditórios, imprevisíveis, inseguros, misteriosos. Millôr Fernandes disse que "o homem é um bípede inviável". Eu acrescentaria: "e insondável".

A POLOP trouxe de Salvador um militante – cujo nome de guerra era Belmiro – para coordenar as atividades políticas do núcleo universitário da organização no Rio de Janeiro. Belmiro era um sujeito estranho, poucas vezes vi um sujeito tão autoritário e arrogante como ele. Mas ele tinha uma particularidade: era extremamente delicado ao falar, por isso as críticas que fazia à nossa atuação e ao nosso comportamento eram sempre suavizadas por sua voz mansa. Não tínhamos ódio dele, mas achávamos que suas críticas eram, em geral, injustas. De qualquer forma, Belmiro era um cara esperto e perspicaz. Ele nos desconsertava.

Um dia, durante uma reunião do núcleo da POLOP na FNFi, Josiel, um companheiro do curso de Pedagogia, sussurrou ao meu ouvido:

— Tenho observado esse cara. Quer saber? Ele não me engana, é veado.

Disfarcei o riso, mas prestei atenção nas maneiras de Belmiro, no jeitão dele, na sua voz, nos seus gestos, em suas mãos. Ao fim da reunião, falei com Josiel:

— Você tem razão, ele é veado mesmo.

Vários militantes do núcleo da POLOP na FNFi chegaram à mesma conclusão: Belmiro era veado. Antonio, estudante de Jornalismo, fez um comentário (na verdade, foi um lamento):

— Meu líder é uma bichona! Que merda!

Josias:

— Se ele pedir para segurar o meu pau, deixo ou dou uma bolacha nele?

Eloina ficou furiosa:

— Vocês são machistas! Que é que tem ele ser veado?

Antonio protestou:

— Não sou machista porra nenhuma! – Fez um curto silêncio e acrescentou, rindo: – Desde que ele não queira sentar no meu colo, tudo bem!

Josias:

— Tudo bem é o caralho! Fidel seria Fidel se fosse veado? Já imaginou o Che Guevara dando o rabo por aí?

Eloina não gostou:

— Vá se foder, Josias! – Provocou: – E quem disse a você que Fidel Castro não é veado?

Gargalhadas.

Belmiro morava em Copacabana, numa quitinete, cujas janelas ficavam permanentemente vedadas por grossas cortinas. Ele alegava questões de segurança. Josias, sempre metido a gaiato, não perdeu a piada:

— Um veado que vive nas sombras!

Rimos, sob o olhar de reprovação de Eloina:

— Vocês não têm jeito mesmo!

*****

Estrela veio me acordar:

— Um colega seu quer falar com você. Disse que é urgente.

Atendi, irritado:

— São horas de ligar?

Antonio baixou a voz:

— Escuta. Parece que mataram o Belmiro!

*****

Belmiro não morrera, mas fora esfaqueado por um fanchono que ele conhecera no submundo de Copacabana e, imprudentemente, levara-o à sua quitinete. Fizeram sexo. Depois, o fanchono exigiu dinheiro de Belmiro, que recusou o achaque. O fanchono não pestanejou: enfiou o braço em Belmiro, que resistiu e lutou. O fanchono, então, esfaqueou-o, levando o que pôde do apartamento, inclusive dinheiro da organização que Belmiro escondera atrás da geladeira.

As informações eram confusas, mas de uma coisa tínhamos certeza. Apesar do erro que cometera levando ao seu apartamento um fanchono das ruas e bares de Copacabana, Belmiro praticou, mesmo ferido e se esvaindo em sangue, um gesto heroico: antes de se arrastar pelo corredor do andar e pedir ajuda a um vizinho, tentou queimar todos os documentos da POLOP que tinha em seu poder. Não sei se conseguiu, mas tentou.

— Foram onze facadas, porra!

Eloina:

— O fanchono já foi preso?

Antonio:

— Não. Mas dizem que já foi identificado. É um tipo manjado no bairro, com algumas entradas na polícia.

Eloina estava emocionada:

— E o Belmiro, como está?

Antonio baixou a voz:

— Fodido. Dificilmente escapa.

Contrariando todas as expectativas, Belmiro não morreu, mas, segundo os médicos, iria ficar com graves sequelas. Não era para menos: ele teve o pulmão esquerdo perfurado duas vezes, três costelas quebradas, perdeu parte do estômago e um pedaço do intestino delgado. Sem condições de continuar militando, Belmiro afastou-se da POLOP e voltou para a Bahia, sua terra de origem. Ninguém sabe do seu destino.

A POLOP, claro, fez espalhar uma versão generosa sobre o ocorrido: ao chegar à quitinete, Belmiro deu de cara com um ladrão, que o esfaqueou, roubou e fugiu. A história da queima dos documentos foi contada em prosa e verso, de modo que Belmiro se transformou numa referência, num exemplo de coragem e firmeza ideológica e política.

— 11 —
CLANDESTINIDADE

RIO DE JANEIRO, 1966 E 1967

Como não estou escrevendo um livro sobre as peripécias da POLOP, muito menos sobre as aventuras e desventuras da luta armada, vou apenas dizer em poucas e gerais linhas, sem grandes mergulhos sociológicos ou históricos, o que sucedeu com a organização na segunda metade dos anos 1960.

Inspirados em textos de Che Guevara, os quais foram copidescados por um aventureiro francês chamado Regis Debray (o mesmo que, preso na Bolívia, entregou a presença do Che naquele país), a POLOP assumiu a teoria do foco revolucionário.

A teoria do foco – ou, como se dizia, o *foquismo* – consistia, em resumo, no seguinte: grupos bem treinados, em diferentes áreas rurais do país, criariam bases guerrilheiras que, aos poucos e mediante ações de grande impacto, conquistariam as massas populares, fazendo com isso a revolução avançar e, finalmente, aniquilar o inimigo. A meta era a conquista do poder, a destruição do Estado burguês e a implantação da ditadura do proletariado. Não vou dar uma de gostoso: eu próprio defendi ardentemente tal encadeamento nos debates e nas discussões de que participei. A equação – na teoria e no blá-blá-blá, ambos furados – era simples. A conhecida canção do Vandré nos apontava o caminho: "Quem sabe faz a hora, não espera acontecer".

Todos nós, militantes, que defendíamos a luta armada contra a ditadura, aderimos de certa forma ao foquismo. Exceção apenas do PCdoB, que adotara a linha chinesa. Um companheiro meu da POLOP, durante uma reunião da organização, arriscou uma frase de efeito: "Em cinco ou seis anos de luta libertaremos o Brasil do jugo imperialista". A frase soou bonita naquele ambiente de futuros guerrilheiros, mas era, antes de tudo, idiota e "porra louquíssima". Ela dava a medida exata dos nossos equívocos políticos e das nossas bobagens ideológicas.

A análise que fazíamos era primária e seguia o seguinte raciocínio: em Cuba, 12 homens, sobreviventes do Granma, iniciaram a guerrilha, que depois se espraiou pela ilha, transformando-se em guerra popular vitoriosa. Se isso foi possível lá, por que não o seria aqui? A verdade, porém, era outra: a revolução cubana abriu e, ao mesmo tempo, fechou as oportunidades revolucionárias na América Latina. A história nos provou isto: todas as tentativas guerrilheiras no continente, da Guatemala à Argentina, da Venezuela ao Peru, de El Salvador ao Uruguai, da Colômbia à Bolívia, foram por água abaixo. As FARCs estão lutando na Colômbia há sessenta anos, sem quaisquer perspectivas de vitória. No momento, negociam, em Cuba, a paz com o governo colombiano.

Em 1967, a POLOP realizou um congresso, no qual foi aprovado um programa socialista para o Brasil – um assombroso devaneio, no qual alguns embarcaram. Outros, talvez a minoria, ficaram de orelha em pé, cabreiros. Confesso: eu embarquei. Uma das teses aprovadas assentava-se na confiança quase absoluta na capacidade ofensiva do movimento popular. O reformismo esgotara-se: impunha-se, agora, o caráter socialista da revolução brasileira.

O Congresso, como sempre acontece quando a esquerda ou parte da esquerda se reúne para discutir, não foi um mar de rosas: o pau quebrou feio em torno das variadas propostas e ideias apresentadas, evidenciando divisões de grupos, divergências políticas, intolerâncias ideológicas e vaidades pessoais. Claro, houve boas ideias e análises, mas a baixaria, a fofoca e o conchavo campearam.

O fato é que não se chegou a nenhum consenso, o que evidenciava as nossas contradições e os nossos erros. A POLOP fragmentou-se de forma irremediável em grupos diversos, um dos quais deu origem, em 1968, ao Comando da Libertação Nacional, Colina, dúzia e meia de gatos pingados que não tinham a menor chance de enfrentar a ditadura. Tanto que, em janeiro de 1969, a polícia invadiu aparelhos da organização, prendeu e esbordoou as principais lideranças da organização, que, esfacelada, praticamente desapareceu.

Em São Paulo, ex-militantes da POLOP aproximaram-se de outros agrupamentos de esquerda, criando a Vanguarda Popular Revolucionária

(VPR). Foi nessa organização que eu ingressei, fazendo com que minha vida sofresse uma puta reviravolta.

*****

1967 e 1968 foram anos de intensa militância política na FNFi e fora dela. O movimento estudantil fervia, a exemplo do que ocorria em diversas partes do mundo. Passeatas, assembleias, reuniões, pichações, discursos inflamados, contatos, debates – eu estava em tudo, enquanto esperava (ansioso, confesso) o momento de pegar em armas.

As divergências entre as organizações – e, o que era pior, dentro das organizações – se sucediam, os rachas se intensificavam, microgrupos eram criados, o que facilitava a vida dos órgãos de repressão. Era como se estivéssemos pulando amarelinha em campo minado. Não sei até onde dei minha contribuição a esse processo suicida, mas estou pronto para aceitar a minha parcela de culpa, mesmo que mínima, nos azares da esquerda brasileira.

Estávamos lutando, em voo cego, contra um inimigo poderoso, aparelhado e organizado, que contava, inclusive, com instrutores norte-americanos em técnicas de combate, cerco e tortura. Éramos – quem duvida disso? – incapazes de imaginar a extensão da encrenca que pretendíamos encarar: os Deops da vida, as infiltrações, as delações, as defecções, as Polícias Militares, os organismos de informação e contrainformação e as três armas (Exército, Marinha e Aeronáutica).

Não víamos a realidade – éramos um bando de inconformados, com pitadas de vocação suicida. O nosso inimigo mostrou-se cruel e implacável, disposto a usar de todas as armas possíveis contra nós. Sem dó nem piedade. Penso hoje que, unidos, talvez tivéssemos alguma chance de sobreviver, nunca de vencer; divididos, éramos – e fomos – presas fáceis. Perdemos amigos, companheiros e contemporâneos, sobretudo porque não soubemos ler com correção a realidade que vivíamos.

Bem verdade que o nosso equívoco principal não estava propriamente aí; nosso equívoco principal foi a opção que fizemos pela luta armada nas circunstâncias da época. É certo que vivíamos sob o tacão de uma ditadura violenta, corrupta e antissocial. Mas nós jamais conseguimos chegar às massas, fazê-las nos apoiar. Elas nos ignoravam compactamente ou nos condenavam e nos acusavam de sermos os verdadeiros responsáveis pelo que ocorria no país. Jamais tivemos o apoio do povo, principalmente durante o chamado "milagre brasileiro". A ditadura afirmava que éramos terroristas, epíteto que as massas repetiam sem ter, inclusive, ideia do seu significado.

Li numerosos livros e vi diversos documentários e filmes sobre a saga de Che Guevara na Bolívia. Eles me transmitiram, sobretudo, pesar e melancolia, pois todos os relatos, inclusive os do próprio guerrilheiro heroico em seu diário, evidenciam o isolamento dos guerrilheiros e a perspectiva clara de derrota. Há um momento em seu diário que, ao mesmo tempo em que fala dos companheiros mortos em combate, Che reconhece a incapacidade que tinha a guerrilha de arregimentar novos combatentes e receber o apoio da população boliviana. Os combatentes morriam na medida em que os *rangers* bolivianos avançavam e não havia reposição de quadros. No final, apenas quatro guerrilheiros sobreviveram: três cubanos e um boliviano. Este último, o guerrilheiro Inti Peredo, retornou à Bolívia disposto a retomar a luta, mas não conseguiu: foi localizado pela repressão e fuzilado. A derrota de Che Guevara foi a derrota da luta armada.

A guerrilha urbana brasileira viveu, em certa medida, os mesmos percalços vividos pela guerrilha rural de Che. Ambas não tinham futuro, mas nós só percebemos isso muito tempo depois, quando amargamos o gosto azedo da derrota.

O diabo é que a luta armada não foi uma mera escolha. A verdade é que, diante da violência e da impossibilidade de realizar o jogo político, fomos tragicamente tangidos para a resistência armada. Forçados, por assim dizer, a lutar e a enfrentar a tirania instalada no Brasil a partir do AI-5, nós nos descolamos da realidade. Fomos presas fáceis. Fomos praticamente exterminados. Hoje só nos resta chorar nossos mortos e desaparecidos.

*****

RIO DE JANEIRO, 26 DE JULHO DE 1968

A notícia nos chegou numa fria noite de julho através de um telefonema: Joaquim, meu pai, tinha morrido. Há mais de um ano não tínhamos notícias dele.

Quando as emoções esfriaram, eu soube que Joaquim largara (mais uma vez) o emprego em São Lourenço, viajara para o interior de Goiás, vagara por duas ou três cidades goianas e terminara os seus dias em Montes Claros, onde se empregara numa fazenda de criação de caprinos. Meu pai morreu dormindo. Tinha 57 anos.

Um amigo de meu pai chamado Armando, que trabalhava com ele no criatório, estranhara a demora dele, que tinha por hábito levantar-se às 6h. Preocupado, Armando foi procurá-lo na pensão em que ele morava e encontrou o velho morto em sua cama. Joaquim foi sepultado no cemitério de Montes Claros. Ele, Armando, providenciara tudo. "Joaquim era como um pai para mim", disse.

O amigo de Joaquim informou ainda que encontrara o endereço e o telefone de Estrela na caderneta de notas do pai. Comentou que conhecera Joaquim em Ipameri, onde os dois trabalhavam. De lá, ambos tinham viajado para Montes Claros, cidade natal de Armando. Disse, por fim, que ia enviar para Estrela os pertences de Joaquim, como o relógio, os óculos, os documentos, a caneta tinteiro, dois livros e um caderno com anotações. As roupas de Joaquim tinham sido doadas.

Mário veio falar comigo:

— Devemos ir buscar o corpo do velho?

— Não sei. É melhor consultar a mãe.

Estrela decidiu que era melhor deixar Joaquim onde estava em paz.

Mário ouviu a decisão da mãe, mas não falou nada. Anos depois, sem comentar nada com ninguém, ele foi buscar em Montes Claros os restos de Joaquim, que foram enterrados no mausoléu da família, no São João Batista, em companhia da mãe, do pai e dos irmãos.

Na noite em que eu soube da morte de Joaquim, esqueci completamente as ideias de guerrilha, de luta armada, de confronto com a ditadura, de tudo. Deitado, no escuro, fui dominado por um sentimento de tristeza tão intenso, tão fundo e tão dilacerante, como nunca tinha sentido na minha vida.

Foi uma noite de muito sofrimento. Pensei nas humilhações que Joaquim sofrera, na vida infeliz que tivera – longe dos filhos, da família, vagando por aí, não sei se fugindo ou em busca de si mesmo.

Até hoje eu sofro quando penso em Joaquim: em tudo o que eu poderia ter feito por ele – e não fiz. Quando penso em Joaquim sinto uma enorme pena – e muito sentimento de culpa.

*****

1968 foi um ano maldito.

Além da morte de Joaquim, 1968 foi o ano em que a milicada pisou no acelerador e implantou a ditadura escrachada. O AI-5 foi o mais odioso dos atos institucionais baixados pelos governos militares. A partir dele, várias garantias constitucionais foram suprimidas, a repressão aumentou, a censura foi definitivamente instalada, mandatos foram cassados, direitos políticos foram suspensos, o Congresso fechado, o habeas-corpus deixou de existir. Prisões em massa, torturas, mortes, desaparecimentos. As trevas cobriram o Brasil, consolidando a disposição, no meio estudantil, de que a saída – a única saída – que tínhamos era uma só: a luta armada.

Dois meses antes do AI-5, o congresso da UNE, que se realizava num sítio do município de Ibiúna, São Paulo, foi cercado e invadido por tropas da PM paulista. Setecentos e dezenove estudantes foram presos, inclusive as principais lideranças do movimento, como José Dirceu, Luís Travassos e Wladimir Palmeira. Os três seriam incluídos na lista dos 15 presos políticos trocados pelo embaixador americano Charles Burke Elbrick, sequestrado, em 4 de setembro de 1969, por um comando do MR-8 e da ALN.

Eu não estava em Ibiúna. Tinha ido treinar guerrilha e tiros numa fazenda, no norte do estado do Rio de Janeiro, onde cheguei de olhos vendados. Éramos uns 10 ou 12 revolucionários, nem todos eram estudantes. Nosso instrutor era um ex-sargento do Exército, a quem chamávamos de Paiva. Comandante Paiva. Meu codinome na ocasião era Juliano. Guerrilheiro Juliano.

O treinamento foi massacrante, mas nós o enfrentamos com estoicismo e orgulho do que estávamos fazendo: nós estávamos nos preparando para salvar o povo brasileiro da opressão e da miséria, e implantar no Brasil (como se dizia mesmo?) o reino da liberdade, da igualdade e da justiça. Pois sim.

A rotina era fogo. Acordávamos por volta das 5h (às vezes, antes disso), comíamos um rancho miserável (café, pão duro ou bolacha e banana

– logo banana, que eu odeio!), depois tínhamos sessões de ginástica ("para revigorar os músculos", dizia o nosso comandante). Em seguida, carregando mochilas pesadas, embrenhávamo-nos na mata, onde recebíamos aulas de sobrevivência, instruções sobre montagem de tocaias e identificações de rastros e plantas. Por fim, exercício de tiro – revólver e fuzil. À noite, um sujeito que se autointitulava comandante Sampaio nos dava aulas de marxismo e nos informava sobre o que estava acontecendo no país. O papo durava das 18h (boia da noite) às 20h, quando íamos dormir. Nosso isolamento era total. Uma noite, ele nos falou sobre a queda do congresso de Ibiúna e fez uma crítica procedente: "Esses sujeitos pensavam o quê? Que um congresso com mais de mil participantes, numa cidadezinha de merda, não seria descoberto pelos tiras?".

O treinamento durou cerca de 12 dias, findo os quais o comandante Paiva nos disse: "Vocês estão prontos". Foi como se estivéssemos recebendo um diploma. Paiva ainda acrescentou: "Lembrem-se sempre do que disse o companheiro Che Guevara: a obrigação do revolucionário é fazer a revolução". Aplausos.

Ao meu lado, um guerrilheiro nissei (ou sansei, sei lá) parecia estar comovido, tanto que apertou ainda mais os olhos, fez uma espécie de bico com os lábios e pigarreou. Percebi que, atrás de mim, outro guerrilheiro fungava discretamente, disfarçando a emoção. Eu, ao contrário, que não suporto (nunca suportei e ainda não suporto) atos e palavras solenes, senti uma puta vontade de rir. Mas me controlei.

*****

RIO DE JANEIRO, 1969

Não vou detalhar as circunstâncias que me obrigaram, por volta de fevereiro ou março de 1969, a viver na clandestinidade. Na verdade, no primeiro momento, alguns meses, vivi numa espécie de semiclandestinidade; depois, à medida que comecei a participar de ações armadas, mergulhei na mais completa clandestinidade. Isso foi lá por junho ou julho de 1969.

A clandestinidade é uma merda. Um misto de monotonia, permanente sobressalto, susto, cagaço, atenção redobrada. A clandestinidade nos afasta de amigos e da família, obriga-nos a abandonar certos hábitos, a deixar de frequentar lugares públicos manjados, como restaurantes, livrarias badaladas, teatros, ruas e praças.

Uma vez conversei com um velho comunistão, que vivera grande parte da vida na clandeca. Ele me aconselhou a mudar minha maneira de caminhar, pois, segundo ele, as pessoas também são reconhecidas pelo andar, embora, muitas vezes, não tenham tal percepção. Tempos depois, li um livro do jornalista Marco Antonio Tavares Coelho em que ele confirma o que me dissera o comunistão. Na época em que esteve na clandestinidade, logo após o golpe militar, Marco Antonio passou a fingir que tinha um defeito no pé, o que o fazia andar mancando. Não sei se o disfarce deu certo, pois Marco Antonio acabou sendo preso.

Durante a clandestinidade você aprende a falar e a conversar pouco, tanto com companheiros quanto com desconhecidos. Encontros, por exemplo, só para a execução de tarefas determinadas. Nos pontos, o papo tem que ser seco, objetivo e ligeiro, tipo pão-pão, queijo-queijo, e adeus! Impossível esticar o papo, caminhar lado a lado, entrar e sentar num boteco. Falar abobrinhas, papear amenidades. Clandestinidade é um beco sombrio.

Na minha fase de semiclandestinidade não fui viver num aparelho propriamente dito. Morei num quarto alugado em Copacabana. Uma velhinha viúva – Dona Iracema – residia num apartamento da Rua Dias da Rocha que o marido lhe deixara, dois quartos, um dos quais ela alugava. D. Iracema não tinha filhos, nem parentes próximos, vivia só, à espera da morte.

Quem me levou ao apartamento de Dona Iracema foi a mãe de um amigo meu da FNFi. Ela era uma mulher politizada, muito bonita, simpatizante do Partidão, e tinha firme posição contra a luta armada. Assim que fui obrigado a sair de casa, ela e o filho me deram guarita por três dias. Foi dela, por sinal, a sugestão de que eu devia alugar o quarto no apartamento de Dona Iracema, que, parece, era sua parente distante. "Lá", disse ela, "você ficará seguro. É só não marcar bobeira".

De cara, Dona Iracema gostou de mim – e eu dela. Era uma velhinha simpática, que passava o dia fazendo tricô e crochê. Ela me fazia recordar da minha avó, mãe de Joaquim, com a diferença de que Dona Iracema não era autoritária. Era uma velhinha doce.

Todos os dias, de segunda a sexta-feira, eu tinha que sair cedo, como quem ia trabalhar.

— Já vai, meu filho? Vem jantar? Olha, vou fazer sopa de ervilha hoje, gosta?

— Adoro. Vou trazer o pão.

Eu saía e ficava na rua, perambulando. Às vezes, ia cobrir um ou dois pontos, andava de ônibus para cima e para baixo, evitando, contudo, regiões manjadas, onde eu, mais jovem, costumava bordejar, como o Catete e o Flamengo. Aproveitei o período para percorrer alguns subúrbios, alguns dos quais eu conhecia de nome desde os meus tempos do Souza Aguiar. Algumas tardes, eu encarava um cineminha, geralmente nas sessões das 14h.

Lá pelas 18h30, 19h, eu retornava, quase sempre levando uma bisnaga de pão, que Dona Iracema cortava em fatias e transformava em torradas amanteigadas.

Depois da sopa, eu ficava assistindo televisão com ela, que quase sempre dormia na cadeira de balanço.

Em geral, aos fins de semana, eu ficava em casa, lendo.

*****

A clandestinidade, tal como foi dito, é uma merda, por uma série de motivos. Mas pelo menos num ponto ela não me desagradava e, em certa medida, chegava a compensar tudo aquilo que ela tinha de negativo. A clandestinidade nos obriga a viver em solidão, especialmente naqueles dias em que não tínhamos que cobrir nenhum ponto.

Estrela sempre me achou parecido com Joaquim – e temia que eu terminasse como ele: só e infeliz. Bem, reconheço que eu tinha um ponto em comum com o pai: a vocação (se é que é vocação) de estar sozinho, de ficar sozinho, de vagar sem rumo. Uma vez, ele me disse:

— Sabe qual é o meu problema, Vitor? – Fez uma pausa, acendeu um cigarro: – Eu desconfio que meus pais legais não são os meus verdadeiros pais.

Ele percebeu o meu espanto e acrescentou:

— Eu devo ser filho de ciganos. E explicou: – É o meu sangue cigano que explica as besteiras que fiz na vida.

O meu gesto de descrença não o impediu de continuar:

— Eu não me apego a nada, não suporto ficar no mesmo lugar por muito tempo. Eu tenho sangue e pernas de cigano, Vitor. Tenho certeza.

Esse papo tão surrealista como triste nós tivemos em São Lourenço, onde o pai vivia na época. Ficou claro para mim que ele não ficaria muito tempo na cidade: o sangue e as pernas de cigano estavam dando cócegas em Joaquim. Tomei os seus comentários como um recado. Joaquim tinha disso: às vezes utilizava metáforas e indiretas.

Fico, de vez em quando, tentando imaginar o que diria ou faria Joaquim se me visse na minha situação de clandestino. Pensei muitas coisas, mas de uma tenho certeza: ele não estaria indiferente. Joaquim era um bom pai – destrambelhado, sem dúvida, mas a seu modo ele amava os filhos.

Hoje, tenho certeza de que ele acreditava piamente na sua ascendência cigana. Talvez fosse apenas uma forma que ele encontrara de se explicar. Cigano.

Também disse que, no meu tempo de clandestinidade, eu passava grande parte dos dias vagando pelos subúrbios do Rio, o que, para mim, representava não só um lenitivo como uma forma de reconhecimento de terreno – quem sabe no futuro eu não teria que viver no subúrbio? Meus colegas do Souza Aguiar, em sua maioria, moravam nos subúrbios, e deles ouvi muitas histórias sobre as relações de vizinhança. Todos se conheciam, todos se visitavam, algo incomum na zona sul.

Muitas vezes, eu me misturei aos usuários dos trens da Central e, aleatoriamente, desembarquei numa estação, e ficava vagando pelas redondezas, observando as coisas e as gentes. Uma vez, desci em Marechal Hermes, primeiro bairro operário e terceiro bairro planejado da cidade. Inaugurado em 1913, Marechal Hermes era (não sei se hoje ainda é assim) um bairro essencialmente residencial, muito bem equipado: tinha escolas, um baita hospital (Carlos Chagas), teatro e cinema, além de um comércio variado.

A verdade é que durante minhas andanças eu, às vezes, esquecia a minha condição de clandestino e isso me fazia cometer certas vacilações sérias, imperdoáveis. Um dia, por exemplo, entrei num boteco para almoçar um PF, um prato feito. Quando dei por mim, notei que eu havia entrado num botequim frequentado por policiais de um distrito próximo. Tremenda vacilação. Felizmente pude me mandar sem ser notado.

Em muitas ocasiões, eu me pegava pensando em Lisa. Tinha muita vontade de vê-la, com seus olhos e cabelos negros. Como estaria?

*****

O clandestino deve evitar sair à noite e, sobretudo, evitar as putas, pois, por trás do meretrício de rua, há quase sempre policiais envolvidos. Mas as tentações da noite – e do sexo – são quase irresistíveis. Uma vez, depois da sopa de Dona Iracema, cometi uma liberalidade comigo mesmo: resolvi caminhar pela praia, que era uma forma de me sentir livre.

Fiz uma longa caminhada pela calçada da Avenida Atlântica. A noite estava bem fresca. Cruzei com várias prostitutas, que me ofereciam descaradamente os seus préstimos. Não preciso dizer que a tentação do sexo fervia dentro de mim, mas eu sabia que um programa com uma puta poderia me trazer problemas. Preferi padecer o jejum do sexo a arriscar o meu pescoço.

O pior era a sensação de que estava sendo seguido, olhado, espionado. Não sei quantas vezes, ao caminhar por uma rua qualquer de um subúrbio qualquer, eu "esbarrava" num sujeito que, no dia anterior ou na semana passada, eu "avistara" noutro subúrbio, ou no centro da cidade, ou dentro de um ônibus. Uma loucura. O segredo da clandestinidade é, de um lado, a atenção permanente e, de outro, a capacidade de manter a sanidade. Não são coisas fáceis.

Uma noite, Dona Iracema, enquanto tricotava, perguntou os nomes dos meus pais. Eu tinha uma história pronta: Aníbal e Maria. De quê?

— Meu pai chama-se Aníbal Melo Soares. Minha mãe, Maria Barbosa Soares.

Silêncio.

—- Você nasceu onde?

— Em Santa Rita do Sapucaí.

Ao falar o nome da cidade em que morei quando criança, veio-me à mente a casa de esquina – sólida, antiga, com seu quintal enorme, o abacateiro. Senti, de súbito, uma baita saudade.

— Onde fica?

— Sul de Minas.

Silêncio.

— Meu marido, que Deus o tenha, era mineiro também. De Muriaé. Conhece Muriaé?

Quando Dona Iracema disse o nome da cidade, lembrei-me de Doralice – e tive saudades. O que eu não daria para estar com ela naquele momento, enroscado em suas pernas, ela passando a língua no meu pescoço e eu o dedo na sua boceta.

— Não.

Silêncio.

— Muriaé é uma cidade bonita, A última vez em que estive lá, meu marido ainda era vivo.

Silêncio.

— Seus pais estão vivos?

— Estão. Moram em Belo Horizonte.

Antes de dormir, pensei nas perguntas de Dona Iracema. Pensei também nas minhas respostas – e, sobretudo, pensei na maneira descontraída com que eu respondera às questões. Será que ela desconfiava de alguma coisa? Certamente, não. Ela tivera um surto de curiosidade, nada mais do que isso.

Outra coisa a evitar na clandestinidade: a de ver em tudo um perigo, um risco, uma ameaça. Eu não podia submergir no pânico de ver numa senhora de 74 anos uma perigosa agente da repressão.

*****

Uma tarde, eu caminhava pelo Méier quando fui abordado por um sujeito.

— Amigo, sabe onde fica a Rua Venâncio Ribeiro.

Fiquei gelado. Após uma curta hesitação, chutei:

— O senhor pode seguir em frente. É a terceira ou quarta rua transversal.

— Obrigado, amigo.

O sujeito seguiu na direção que eu havia indicado. Eu segui no sentido oposto, sem olhar para trás, e subi no primeiro ônibus que apareceu.

Abordagem comum, dessas que acontecem aos milhares nas ruas das cidades, ou havia coisa mais séria naquele encontro?

*****

Minha primeira ação armada: a expropriação de uma agência do Banco Boavista, na Vila da Penha, Rio de Janeiro.

A agência ficava na Avenida Meriti, entre uma padaria e uma loja de tecidos. A minha tarefa era ficar na porta da Padaria, dando cobertura (vou confessar: eu estava com o cu na mão, mas me disseram que a primeira ação armada é assim mesmo).

Outro companheiro postou-se do outro lado da rua, outros dois próximos à porta da agência. Fingiam ser dois amigos que papeavam alegremente. Se, por acaso, os meganhas aparecessem, cabia a mim avisar aos de dentro – e, conforme fosse, abrir fogo contra eles. Nos treinamentos, eu tinha sido o melhor no quesito tiro, daí ter sido escolhido para a tarefa.

O assalto deu certo. A grana expropriada foi suficiente para custear por algum tempo a clandestinidade de alguns companheiros.

Apesar de termos espalhado na Agência panfletos explicando a ação, no dia seguinte os jornais falavam de "bandidos", "delinquentes", "ladrões". Uma merda.

A ação na Vila da Pena mudou minha vida: saí da semiclandestinidade e mergulhei fundo na clandestinidade.

*****

RIO DE JANEIRO, 1969

Liguei para Eloina e pedi que ela me encontrasse na Praça Nossa Senhora da Paz, próximo à esquina de Barão da Torre e Joana Angélica.

Ela foi pontual. Nós nos abraçamos e nos beijamos e caminhamos em direção à praia.

Expliquei a ela que eu tinha saído de casa e ia ficar na semiclandestinidade e que, por isso mesmo, ficaríamos sem nos ver por um tempo.

— Sempre que eu puder e for seguro, eu telefono.

Eloina sussurrou, emocionada:

— Promete?

— Claro que prometo, mas precisamos ter cuidado. Os meganhas podem procurar você.

— Eu sei, Vitor, eu sei, mas eu estou preparada.

Naquela manhã, eu soube que Josias e Antônio, meus companheiros da VPR, tinham sido presos durante uma pichação noturna no centro do Rio. O diabo é que os dois estavam armados e Josias, o mais burro dos dois, resolveu mandar bala na polícia. Os meganhas caíram sobre ele, que não teve tempo sequer de disparar – se é que essa era a intenção de Josias. Os dois começaram a apanhar ali mesmo.

Antônio e Josias tinham cometido uma besteira sem tamanho: nenhum militante, vivendo legalmente, pode participar de ações – digamos – "civis", como pichação, panfletagem, assembleia, portando armas de fogo. Pior do que isso foi a estupidez do Josias: porra, se sacou a arma, tinha que ter atirado. Tenho certeza de que passou na cabeça dele a doce ilusão de que os meganhas iam se apavorar ao vê-lo de revólver em punho, o que daria aos dois uma chance de fuga.

Armas só podem ser usadas em ações em que elas são imprescindíveis, como assaltos e expropriações. O próprio Carlos Marighela cansou de dizer aos militantes da ALN que não andassem armados por aí, pois o grande risco que se corre é o de ser preso numa esquina qualquer por porte ilegal de arma. Um militante não pode dar bobeira e muito menos cometer a estupidez de andar armado para cima e para baixo.

O pior é que havia um agravante: Josias tinha participado comigo do treinamento de guerrilha. Por isso, ao saber da prisão dos meus companheiros, decidi procurar o meu rumo. Se Josias abrisse a boca (e ele abriria, fatalmente), eu seria o próximo a ir em cana. Não perdi tempo. Pus uma cueca, uma camisa, escova de dente e dois livros numa pequena valise de mão e me mandei de casa, sem nada dizer a Estrela e a meus irmãos.

*****

Uma semana depois do nosso encontro na Praça Nossa Senhora da Paz, Eloina, sem se despedir, seguiu para Lisboa, onde residia a irmã do seu pai, casada com um médico português, dono de dois ou três hospitais na capital portuguesa. No primeiro momento fiquei puto, senti-me traído e abandonado, mas passada a raiva inicial acabei por compreender e aceitar a decisão de Eloina. A barra estava pesada demais e ela, que não militava na VPR, nem em qualquer outra organização ou partido, estava correndo um risco desnecessário.

Eloina sumiu de vez da minha vida. Deve ter se casado com algum ricaço português, certamente salazarista e fascista. Rico só se casa com rico. Acho que ela nunca mais voltou ao Brasil. Bem, pelo menos eu nunca mais ouvi falar dela.

*****

RIO DE JANEIRO, 1969 E 1970

Éramos o que no jargão nós chamávamos de *grupo de fogo*. Eu (meu codinome era Nestor), Artur, Marilda, André, Pequena, Ezequias, Chico e Paulo. Todos egressos do movimento estudantil, menos o André, o mais velho entre nós, ex-sargento da Aeronáutica.

Faço questão de repetir: a clandestinidade é uma grandíssima merda, inclusive porque não é fácil nem simples manter um clandestino. A clandestinidade custa dinheiro, fora os custos emocionais, que são incalculáveis.

Nosso grupo precisava fazer finanças com urgência. Resolvemos, após muita discussão, expropriar um cinema, que tivesse bom movimento no fim de semana. Escolhemos um cinema que ficava no início da Avenida Pasteur, no fundo de uma galeria, acho que o nome era Roma. Não me lembro de qual filme estava passando, mas era sucesso, salas repletas, certamente alta arrecadação.

Antes de contar como foi o assalto, sua execução e desdobramentos, gostaria de acrescentar mais algumas palavras sobre a clandestinidade.

A clandestinidade não é uma merda apenas por razões financeiras, o que é um problema relativamente fácil de resolver. O pior é o sentimento de se estar só, o sentimento de se estar longe de tudo e de todos, e o permanente perigo, os sustos, os cuidados que temos que tomar. Muitas noites, no silêncio da madrugada, eu sentia uma puta vontade de ver Estrela, de saber como estavam Mário e Tiago. Eu pensava nos meus amigos dos Bancários, nas coisas prosaicas da vida, no sorvete de milho-verde da Rua do Catete. Cheguei mesmo a sonhar com Lisa, a menina de olhos e cabelos negros, a quem eu amara tanto na minha adolescência.

Pensava, e muito, em Santa Rita do Sapucaí. Pensava no quintal – meu mundo –, no abacateiro, nas formigas em fila indiana, nas galinhas ciscando, nos lençóis pendurados no varal. A casa de esquina – imponente, sólida, minha.

Uma vez, liguei de um orelhão para Estrela. Ela disse "Alô, alô" várias vezes, mas eu não tive coragem de dizer nada. Eu sentia um nó na garganta. Aí, de repente, ela falou quase em desespero:

— Vitor? É você, meu filho? Fala comigo, meu filho!

Desliguei com uma vontade louca de chorar.

Conversei com André sobre isso. Compreensivo, ele pôs a mão no meu ombro e disse:

— Eu também sinto saudades dos meus familiares. É natural, companheiro. Nós somos revolucionários, mas antes de tudo somos humanos. Temos sentimentos. – Baixou a voz: – Da próxima vez fala com ela. Diz que está bem. Isso fará bem aos dois.

— 12 —
PRISÃO

RIO DE JANEIRO, 1969

Durante alguns dias estudamos o local e o movimento do Cine Roma, e chegamos à conclusão de que, para realizarmos a ação, precisávamos de mais dois quadros e armas. O que fazer? Como a VPR estava às voltas com a preparação da guerrilha rural (depois descobri que isso não era verdade) e tinha mandado alguns quadros para treinamento em Cuba, fizemos contato com a ALN, que aceitou nos ajudar, desde que o comando da ação fosse dela. Concordamos, apesar dos protestos de Pequena e Artur, que julgavam a exigência um despropósito.

A ALN indicou como comandante da ação o companheiro Damásio, que trouxe com ele dois quadros, Jaime e Inês. Os três da ALN eram muito mais rodados nesse tipo de ação que nós, os oito da VPR.

A ação foi minuciosamente planejada. Chico e Ezequias, que eram bons motoristas, tinham ordem de nos esperar, os carros ligados, em frente ao cinema. André e Marilda ficariam de fora, na calçada, dando cobertura à fuga. Damásio, eu e Inês renderíamos o guarda e o gerente e os empurraríamos para dentro da Gerência, uma sala onde eles guardavam a féria do fim de semana. Pequena e Jaime cobririam nossas costas. Paulo e Artur ficariam no balcão de um boteco, quase em frente à porta de entrada do cinema, dois amigos tomando cafezinho e jogando conversa fora.

Pelos nossos cálculos, o assalto tinha tudo para ser uma moleza, não fosse um erro tolo que cometemos. Durante o levantamento, o guarda de segurança do cinema nos dera a impressão de ser um bundão, um ex-policial gordo, velho e cansado que apenas fazia bico naquela droga de serviço. Mas nós estávamos redondamente enganados. Numa ação armada, uma pré-avaliação desse tipo pode dar uma merda dos capetas.

O erro que cometemos (Damásio, como comandante, assumiu o erro como dele, o que não era certo – o erro foi coletivo) foi ter rendido (ou ter tentado render) o guarda de muito longe, o que deu tempo ao filho da puta de sacar a arma. Damásio e eu gritamos para ele se render e largar o revólver. O guarda não obedeceu. Fomos obrigados a atirar. Inês e Pequena também atiraram. O guarda curvou-se, a mão espalmada na barriga; o desgraçado cambaleou e apontou a arma em nossa direção. Disparei mais três vezes, ele soltou o revólver e emborcou numa imensa mancha de sangue. Em meio ao tiroteio, o gerente trancou-se na sala de administração com o saco de dinheiro. "Deu merda!" – gritou Damásio.

Os disparos assustaram os espectadores, que, no escurinho do cinema, pulavam sobre as poltronas e corriam em direção à porta aos gritos. Foi um Deus nos acuda! Paulo e André ainda tentaram controlá-los. Na sala de projeção, o esporro aumentou quando um gaiato berrou: "Fogo!" – e aí o pânico se instalou de vez. À ordem de Damásio, guardamos nossas armas e nos misturamos aos espectadores que corriam assustados em direção à saída. Fiz um sinal para Paulo e Artur e corremos todos para os carros de fuga.

No dia seguinte, os jornais transformaram o guarda em herói. Um só guarda, diziam, lutara bravamente contra vários terroristas. Apesar de ter recebido cinco tiros, ele sobreviveu, e ainda deu uma entrevista na televisão, onde afirmou que faria tudo de novo. Além de herói, foi chamado de patriota e recebeu uma medalha de honra sei-lá-do-quê. Filho da puta!

*****

Mesmo assim, a coordenação regional da VPR elogiou a nossa ação, embora nos tenha criticado num ponto essencial: nós não soubemos lidar com o inesperado, com o chamado fator surpresa, que, no caso, foi a reação do guarda. O nosso erro – era esse o nosso julgamento – foi o de render o guarda de longe (a coordenação regional do VPR considerou o erro irrelevante), mas quem cometeu o pior erro foi o próprio vigilante, cuja reação poderia ter lhe custado a vida.

Um dirigente da VPR nos explicou: só se deve render uma pessoa a curta ou a curtíssima distância, inclusive porque, em certas ocasiões, pode-se usar o recurso da coronhada na cabeça do puto. Claro, ele não irá cair desacordado como nos filmes americanos, nos quais qualquer pancadinha na cuca faz o cara apagar por horas, mas ficará zonzo e confuso, desistindo de qualquer reação. Render de longe um sujeito que porta um revólver na cintura equivale a chamá-lo para um duelo, principalmente se ele for valente. E, aí, tudo pode acontecer.

RIO DE JANEIRO, 1970

Foi como se eu tivesse sido atropelado por um trator.

— Não! Não! Não é possível!

A voz de Marilda demonstrava dor:

— É triste, Nestor, mas é verdade. Eu vi.

— Filhos da puta! Filhos da puta! Assassinos!

Marilda acabara de me informar que Juarez Guimarães de Brito, o Juvenal, tinha morrido, e Maria do Carmo Brito, a Lia, capturada pelos meganhas. A versão corrente era a de que Juarez, já baleado no braço e no abdome, e na iminência de ser preso, tinha se suicidado, o que, de fato, confirmou-se depois. Os dois foram cercados pela polícia na esquina das ruas General Tasso Fragoso e Jardim Botânico. Estavam dentro de um automóvel, um fusca, que foi fechado e bloqueado pelos carros da polícia.

Por coincidência, Marilda tinha um ponto marcado nas proximidades, quando, de repente, ouviu tiros e gritos. Viu tudo, mas não ficou para verificar. Entrou no primeiro ônibus que passou.

— Eu tremia como vara verde – gaguejou. – Eu por pouco não entro no cerco policial.

Conheci Juarez e Maria do Carmo logo depois do golpe militar. Os dois eram dirigentes da POLOP e tinham dedicado suas vidas à luta revolucionária. Juarez era um sujeito educadíssimo, tranquilo, culto, um quadro de grandes qualidades – humanas e políticas. Certa ocasião, já residindo no Rio de Janeiro, Juarez me emprestou os dois volumes do livro *História da civilização ocidental*, de Edward Macnall Burns, os quais, infelizmente, desapareceram das minhas estantes.

Maria do Carmo era uma mulher muito bem articulada, usava óculos de grau elevado, que acentuavam o verde (ou azul?) dos seus olhos vivazes. Como o marido, era extremamente corajosa e segura de suas convicções. Maria do Carmo, a Lia, era da direção nacional da VPR. Foi barbaramente torturada, mas sobreviveu. Foi banida do país ao ser incluída na relação de presos políticos trocados pelo embaixador alemão, Ehrenfried Von Holleben.

Sempre que tomava conhecimento da prisão ou da morte de um companheiro, eu era dominado por sentimentos ambivalentes, confusos, que me angustiavam e me faziam sofrer. De um lado, a dúvida: valerá a pena tudo isso? De outro, a quase certeza de que não nos restava outro caminho que a luta armada contra a ditadura. Todas as demais trilhas ou caminhos tinham sido fechadas: a política partidária estava reduzida às excrescências da Arena e do MDB, partidos consentidos e obedientes; a política estudantil, proibida; os sindicatos e as associações operárias e camponesas estavam fechados ou dominados por pelegos ou delegados da ditadura. As prisões estavam cheias. Torturas. Perseguições. Censura. O Brasil estava amordaçado e rendido. O que mais nós podíamos fazer senão enfrentar de peito aberto o aparato repressivo?

Lutar com armas nas mãos contra a ditadura não era apenas uma forma de resistência radical. Era muito mais. Era buscar uma alternativa, era tentar recriar o que tinha sido destruído, era procurar refazer nosso percurso – o percurso de uma geração castrada e condenada ao silêncio e à resignação. Lutar contra a ditadura era, também, uma maneira de demonstrar caráter, honradez, brio, sei lá. A ditadura nos impôs a luta armada e esta, por sua vez, encurralou-nos.

Certos dias, eu era tomado pelo desespero, pois não via saída possível. Nunca me passou pela cabeça abandonar a luta armada, pois eu me recusava conscientemente a aceitar o que a ditadura me oferecia. Não ia tampouco abandonar meus companheiros. A luta armada punha a nossa vida em risco – e isso assusta e amedronta. Mais assustador e amedrontador, contudo, seria viver dominado pela sensação de covardia e de traição. Eu não suportaria isso.

A minha impressão – mais: a minha certeza – era a de que nós estávamos caminhando em círculo, cujo diâmetro a cada dia se tornava menor. No fundo, estávamos sendo estrangulados aos poucos. Pior, no entanto, era a certeza de que nada, absolutamente nada, eu e meus companheiros podíamos fazer, a não ser empunhar armas e avançar. Nós não tínhamos outra saída. A guerrilha era legítima, mas não tinha futuro político.

*****

Na clandestinidade, ir a um encontro de um companheiro não é a mesma coisa que ir à praia ou ao cinema com um amigo qualquer.

Um encontro entre duas pessoas que vivem como clandestinos, tendo a polícia em seus calcanhares, é sempre uma ação de risco, que exige atenção redobrada e um tanto de sangue-frio. A adrenalina corre abundantemente em nosso sangue. Exagero um pouco os termos, mas a coisa se processa mais ou menos assim.

No meu caso não era diferente. Quando eu me aproximava do local marcado (por exemplo, em frente ao número X da rua Y, ou diante de um chafariz da praça tal, ou na esquina da rua A com a rua B), eu procurava agir com extrema cautela, olhando para todos os lados (mas evitando cometer um erro), atento aos automóveis estacionados nas imediações, de olho nos ambulantes e nos transeuntes que passavam ou estavam parados nas esquinas próximas. O encontro tinha que ser rápido e o papo, objetivo, sem grandes floreios e voltas. A despedida, o aperto de mão, podia equivaler a um "Até mais, companheiro" ou a um "Adeus, companheiro", pois nenhum dos dois podia verdadeiramente assegurar que estivesse vivo ou solto na época do próximo encontro.

E quando o companheiro não comparecia ao encontro? A regra – nem sempre seguida – era esperar intermináveis e tensos cinco minutos, tolerância máxima admitida. Houve casos, porém, em que o sujeito ficou bestando no ponto por um tempão, marcando bobeira, correndo um risco inútil, pois depois de certo tempo estava na cara que o outro não ia aparecer; em outras ocasiões, o sujeito sequer esperou um minuto: chegou ao ponto, viu que o companheiro não estava e se mandou rapidinho.

Medo e senso de segurança. A verdade é que o não comparecimento de um companheiro a um encontro podia ser sinal de que ele fora preso ou morto. Às vezes, o sujeito se atrasava devido a um prosaico problema de trânsito. A vida real tem dessas merdas.

Nunca fiquei tão puto e preocupado quando tive que ir a São Paulo e o cara com quem ia ter um encontro furou o ponto, ou seja, não apareceu. Tive que tomar o ônibus de volta, aboletar-me numa poltrona pouco confortável, tendo ao lado uma mulher gorda que passou a viagem toda dormindo e com a bolsa agarrada ao peito. Eu aproveitei para ler *Terra de Caruaru*, de José Condé, minha única bagagem naquela viagem doida.

O ponto de encontro era em frente a um restaurante chamado "O gato que ri", no Largo do Arouche, próximo à Avenida São João. Cheguei ao local uns dez ou quinze minutos antes da hora marcada e fiquei ciscando pelas redondezas. Não percebi nenhum movimento estranho ali por perto, o que me tranquilizou. No horário acertado, parei diante do restaurante e fiquei examinando o cardápio, que estava pendurado na porta. Havia muito movimento na calçada, gente indo e vindo. São Paulo é assim mesmo, mas na hora do almoço a coisa piora.

"O gato que ri" – não sei se ainda existe – é um restaurante de massas e, àquela hora, meio-dia, estava abarrotado, com gente em pé aguardando mesa. Era um restaurante popular, mas limpo, frequentado por pessoas que trabalhavam em lojas e escritórios das redondezas. Esperei dez minutos – e nada. Resolvi me afastar um pouco. Dei a volta no quarteirão. Parei novamente diante do cardápio. Nada. Eram mais de quarenta minutos de atraso.

Resolvi voltar para o Rio.

Não nego que estava incomodado, afinal eu ia receber informações acerca de uma grande ação que seria levada a cabo pela VPR em conjunto com a ALN. Bom, o caso é que eu não tinha nenhum outro contato em São Paulo, uma cidade enorme e totalmente desconhecida para mim.

Decidi relaxar (o quanto isso era possível) e aproveitar as seis horas de ônibus que separavam São Paulo do Rio para ler e dormir – dormir muito – tal como a gorda sentada ao meu lado.

*****

RIO DE JANEIRO, 1969 E 1970

Participei de inúmeras ações revolucionárias.

Entre elas, as mais importantes foram numa loja de armas, no Andaraí, zona norte do Rio, de onde levamos (eu, Pequena, Marilda, André, Paulo e Ezequias) quatro revólveres Taurus (calibre 38), um fuzil e munição.

No restaurante Oviedo, no Leme, demos de cara com um senador da Arena, que dias antes tinha defendido a pena de morte para os terroristas (nós!). Pequena encostou o cano do seu 38 na testa do senador e disse:

— Está com medo agora, ô batuta?

O senador, tão corajoso na tribuna do Senado, tão cheio de bravatas ao defender a repressão, estava branco de medo – eu mesmo cheguei a temer que Pequena, num acesso de raiva, o liquidasse ali mesmo, na frente dos fregueses do Oviedo. Ela, porém, limitou-se a ridicularizá-lo. Derramou água mineral no colo do senador – e informou aos presentes:

— Gente, o senador fez xixi nas calças!

É claro que o senador não tinha urinado nas calças, mas os risos (nervosos e abafados) que ouvimos compensou o susto que Pequena nos deu. Levamos a féria do fim de semana do restaurante Oviedo.

Nosso grupo (eu, Pequena, Ezequias, Chico e Artur), certa noite, assaltou uma farmácia na Rua Voluntários da Pátria, em Botafogo. Recolhemos não só a grana do caixa (pouca coisa) como enchemos uma valise com remédios e material de primeiros socorros, como gaze, algodão, esparadrapo, seringas, entre outras coisas.

Não me lembro de quantos automóveis roubamos, mas é bem provável que tenham sido algo em torno de seis ou sete. Todos foram usados em ações ou em transporte de companheiros.

*****

Pequena era paranaense. Viera morar no Rio de Janeiro muito jovem. Estudava Psicologia na PUC quando foi viver na clandestinidade, após presidir por um ano o Diretório Acadêmico dos cursos de Humanas. Não era bonita, mas não chegava a ser feia. Não sei explicar como ela era, mas posso assegurar que ela não era gorda nem magra. Era aloirada, cabelos lisos e olhos claros – e ao contrário de Marilda, não tinha manchas na pele.

Pequena era um apelido que não lhe fazia justiça, pois ela não era um tipo mignon. Ela era, inclusive, mais alta que Marilda e Ezequias, esses, sim, os pequeninos do nosso grupo. Mas isso era um detalhe sem importância alguma.

Um dia (estávamos a sós no aparelho) cheguei perto de Pequena e, sem dizer nada, segurei fortemente os seus braços, puxei-a para mim e lhe sapequei um beijo na boca. Ela não resistiu; ao contrário, foi logo colando o seu corpo no meu. Meus colhões doíam de tanta excitação, afinal, há uns dois ou três meses eu não fodia, era só punheta. A clandestinidade, como já disse, é uma merda: eu vivia de pau duro, inclusive por falta de parceira.

Pequena e eu estávamos sozinhos no aparelho. Arthur, que morava conosco, tinha ido cobrir um ponto num subúrbio distante, de modo que pudemos foder a tarde toda, sem constrangimentos ou pressa.

*****

RIO DE JANEIRO, MEADOS DE 1970

No dia 11 de junho, numa ação espetacular, um comando revolucionário sequestrou o embaixador da Alemanha, Ehrenfied Anton Theodor Ludwig Von Holleben. O comando da ação esteve a cargo de Eduardo Leite, o Bacuri.

O sequestro durou somente cinco dias. A repressão cedeu fácil às exigências da VPR: a libertação de 40 presos políticos, a divulgação de um manifesto em diversos veículos de comunicação e a transmissão pela Rádio Nacional de mensagens entre as regionais da VPR.

Durante esse período, os militantes que não participaram do sequestro tiveram que permanecer fechados nos aparelhos, evitando pontos e, sobretudo, ações armadas. A repressão estava a todo vapor nas ruas, fazendo barreiras nas ruas e avenidas, dando blitz em ônibus, táxis e automóveis. Enquanto negociavam a troca do embaixador, a repressão tentava descobrir o seu paradeiro.

Eu, Pequena e Artur, presos no nosso aparelho, acompanhávamos pelo rádio o noticiário e a divulgação de mensagens supostamente entre as regionais da VPR, as quais, salvo engano, não tinham nenhum significado, a não ser o de embaralhar ainda mais as buscas policiais. Estávamos excitados e certos de que o sequestro do embaixador alemão estava produzindo um impacto positivo na população. Nós acreditávamos – erroneamente – que o sequestro evidenciava para a população a debilidade da ditadura e a força da guerrilha.

Entre um noticiário e outro, nós nos dedicamos à leitura e à discussão sobre as perspectivas da nossa luta. Eu, de minha parte, lia preferencialmente romances brasileiros; Pequena e Artur liam literatura marxista.

É importante observar que os dois não criticavam o tipo de leitura a que eu me dedicava, mas também nunca me perguntaram o motivo da minha preferência.

Eu achava isso uma bobagem, mas não dizia nada. Discutir bobagem é perder tempo.

*****

No dia 15 de junho, finalmente, os 40 revolucionários libertados em troca da vida do embaixador alemão chegaram à Argélia. Entre eles estava Maria do Carmo Brito.

*****

SÃO PAULO, 23 DE OUTUBRO DE 1970

Outra chibatada no nosso lombo: Joaquim Câmara Ferreira, o comandante Toledo, substituto de Marighela (assassinado em novembro de 1969) no comando da ALN, foi preso e levado para o sítio do delegado Sérgio Fleury. Submetido a sessões bárbaras e indescritíveis de tortura, não resistiu – morreu horas depois de ter sido preso.

Eu não o conhecia pessoalmente, mas tinha por ele grande respeito. Admirava sua coerência e sua coragem. Uma coisa, porém, estava doendo na gente tanto quanto a morte de Toledo: aos poucos a repressão estava eliminando as lideranças e os quadros mais experientes da guerrilha urbana. Não pude deixar de pensar, com tristeza: "Estamos chegando ao fundo do poço".

Mas eu estava errado: já tínhamos chegado.

*****

RIO DE JANEIRO, OUTUBRO DE 1970

Nosso grupo resolveu, depois de muita discussão, expropriar a agência do Banco Nacional de Minas Gerais, no bairro de Santo Cristo, Rua Pedro Alves, quase esquina com Rua Santo Cristo. Àquela altura dos acontecimentos, a ação era temerária, mas nós estávamos precisando de grana.

Durante duas semanas, fizemos os levantamentos necessários, estabelecemos rotas de fuga e organizamos a distribuição dos companheiros durante a ação. Ezequias e Chico seriam os motoristas. Ambos teriam que "fazer" dois automóveis de quatro portas, quase novos, que nos levariam ao local do transbordo. Os dois carros seriam, então, abandonados.

Paulo (o único do grupo que tinha uma metralhadora), Pequena e André fariam a cobertura externa e fugiriam no carro dirigido por Chico. Eu, Marilda e Artur entraríamos no banco, renderíamos o segurança e o gerente, pegaríamos o dinheiro e daríamos no pé no carro do Ezequias.

Tudo bem planejado. Mas o assalto deu em merda.

*****

Não sou homem de agir naturalmente por impulso, embora às vezes eu o faça – como qualquer outro ser humano. Procuro sempre agir de forma ponderada e, se possível, refletida. Também não sou daqueles que se deixam dominar por emoções, principalmente quando elas envolvem outros seres humanos e circunstâncias externas sobre as quais não tenho nenhum domínio. Não julgo (ou procuro não julgar) acontecimentos e pessoas por intuição, pressentimento ou sensação. Bom, talvez isso não seja inteiramente possível, mas faço grande esforço para que assim seja.

Por isso dei uma (leve) bronca na Pequena quando ela levantou suspeita sobre o nosso companheiro Chico. Num ponto, ela estava certa: Chico sumira por uns três dias e, quando apareceu, contou uma história meio esfarrapada, difícil de ser engolida. Chico disse que tinha ido a Mangaratiba, onde vivia o avô. O velho estava com câncer e demonstrou vontade de ver o neto antes de morrer. Ele, Chico, atendeu, e nos disse – praticamente jurou – que não tinha sido seguido.

— Por que não nos avisou? Porra, nós ficamos preocupados! Você se arriscou e, o que é pior, nos pôs, todos nós, em perigo! – Repetiu: – Por que não nos avisou?

A pergunta de Pequena era pertinente, mas Chico, sem responder diretamente o questionamento, apenas disse que esperava voltar no mesmo dia e por isso julgou não ser preciso dizer nada a ninguém.

Havia um problema. Chico sabia que o nosso grupo estava se preparando para assaltar o Banco Nacional. Sabia, inclusive, o dia em que a ação seria realizada. As ponderações de Pequena puseram grilos na minha cabeça, mas Chico era um velho companheiro, jamais demonstrara vacilação, era corajoso, dirigia bem. Chico era um cara confiável. Parecia, ao menos.

Quando retornamos ao nosso aparelho, perguntei à Pequena:

— De que você está desconfiada?

— Não estou desconfiada de nada. Apenas estou achando essa história de avô com câncer muito estranha. – Ficou por instantes pensativa: – Como o Chico soube que o avô queria vê-lo? O filho da puta deve ter telefonado para os pais.

— E daí? Deve ter batido saudade.

Pequena calou-se por um instante e depois perguntou:

— Você não notou nenhuma mudança no comportamento do Chico?

Admiti:

— Achei o Chico com o semblante pesado, muito triste... Mas veja bem, Pequena... O avô dele está morrendo, a família deve ter feito muita pressão sobre ele. A gente sabe por experiência própria que isso não é fácil de aguentar.

— Mas o Chico sempre foi um cara extrovertido, Nestor. Você não percebeu que ele está diferente, meio esquisito, sei lá.

— Eu sei, Pequena, eu sei, mas pense bem na situação dele.

— Acho que a gente deveria cancelar a ação.

— Você está desconfiando do Chico?

— Achei a história dele muito estranha, Nestor.

— Bobagem. O Chico sempre foi de confiança.

Pequena olhou para mim. Parecia cansada.

— É, talvez você tenha razão. Talvez eu esteja muito assustada.

Dias depois eu me daria conta, dolorosamente, de que a razão estava com a Pequena. Mas seria tarde demais.

*****

RIO DE JANEIRO, 23 DE OUTUBRO DE 1970

O segurança se rendeu assim que viu o revólver na minha mão. Os clientes obedeceram a ordem de ficarem quietos, os funcionários (inclusive o gerente) ergueram os braços e Artur começou a fazer a limpa nos caixas.

De repente, ouvimos tiros vindos da rua. Marilda olhou pela janela e gritou nervosa:

— Deu merda! Está cheio de polícia lá fora!

Dei a ordem:

— Vamos dar no pé!

Virei-me para os funcionários e clientes e ordenei:

— Todos no chão! Quem levantar leva bala! Artur, traz a grana!

E para marcar autoridade dei um tiro no teto da agência.

— Não estou brincando!

Eu, Artur e Marilda saímos do banco, disparando contra os meganhas, que trocavam tiros com o pessoal da cobertura (Paulo, André e Pequena). Os balaços zuniam nos nossos ouvidos. Numa atitude corajosa, mas arriscada, Ezequias furou o bloqueio, subiu na calçada, abriu a porta do carro e gritou:

— Vamos embora, porra!

Naquele instante, porém, vi Marilda ao meu lado ser baleada na cabeça e seu corpo ser projetado contra a porta da agência como se fosse um saco de batata. Ezequias gritou de novo:

— Vamos, porra! Depressa!

Entrei no carro. Artur veio atrás de mim. Ezequias acelerou sob uma chuva de tiros. No meio da rua, o corpo de André estava estirado numa poça de sangue. Os tiros continuavam, mas eu não vi Paulo nem a Pequena.

— Cadê o Chico, porra?! Cadê o filho da puta do Chico?!

Ezequias:

— Ele se mandou na hora que os homens chegaram.

Ezequias disparou pela Avenida Cidade de Lima, enquanto eu me lembrava do que me dissera Pequena sobre o Chico. Contei a Ezequias e Artur o que ela me falara acerca do desaparecimento de Chico por três dias. Artur não perdeu tempo:

— Vai ver que o filho da puta entregou a gente!

— Chico nos traiu, o filho da puta!

Ezequias enveredou por ruas e becos do Santo Cristo. Na Rua da Gamboa, próximo a uma das bocas de entrada do Morro da Providência, demos de cara com uma barreira policial. Ezequias reduziu a velocidade e parou, controlando os retrovisores. Um automóvel preto veio em nossa direção, as duas portas traseiras abertas. Dou o alerta:

— Polícia!

O automóvel nos ultrapassou e brecou uns quinze metros à nossa frente, em diagonal. Protegidos atrás do carro, os meganhas abriram fogo, as balas espatifaram o para-brisa do nosso carro e zuniram por cima das nossas cabeças. Saltamos os três – eu, Ezequias e Artur – e, com as portas do carro servindo de escudo, disparamos contra os tiras, que, apesar do seu poder de fogo, retraíram-se, provavelmente porque não esperavam nossa reação.

Refeitos do susto, os tiras voltaram a disparar na nossa direção, os pneus do nosso carro foram atingidos, o que impossibilitou qualquer chance de fuga. Aproveitamos e corremos, enfiando-nos num terreno baldio cheio de entulho de obras, lixo e mato. Ficamos entrincheirados e decidimos nos separar, cada um de nós correria numa direção. Pensei: "Agora, é tudo ou nada".

*****

Corri em direção ao Morro da Providência. Tiros, gritos. Pulei um muro, caí num barreiro, entrei em um capinzal alto, levei um tombo, enfiei-me depois por uma viela, onde dei de cara com duas velhinhas, uma das quais segurava uma frigideira pelo cabo, como se fosse um tacape. Gritei:

— Não sou ladrão nem bandido. Sou um revolucionário que luta contra a ditadura. Preciso me esconder. A polícia quer me matar.

A velhinha da frigideira apontou para uma escadaria:

— Por ali, moço! Vai por ali!

Subi a escadaria aos pulos. No topo me deparei com duas vielas. Escolhi uma delas e me mandei. Quando a viela se alargou, vi uma birosca, onde três sujeitos jogavam porrinha e tomavam cerveja. Cauteloso, escondi o revólver sob a camisa e caminhei em direção a eles. Pedi uma água mineral. Minha garganta estava seca. Bebi a água com sofreguidão. Os sujeitos me olharam desconfiados, mas curiosos. Um deles virou-se para mim:

— O amigo não é do morro, estou certo?

Respondi que não, que estava ali tentando localizar a casa de um colega de trabalho.

— Como é o nome dele?

Chutei o primeiro nome que me ocorreu:

— Amauri.

O sujeito pensou um pouco:

— Não conheço. Virou-se para os dois homens que bebiam com ele: – Vocês conhecem esse tal de Amauri?

O dono da birosca se intrometeu:

— Como não conhecem? É o Alemão. O nome do Alemão é Amauri, não sabiam?

O sujeito fez cara de espanto:

— Para mim o Alemão é o Alemão. Não tinha a menor ideia de que o nome dele era Amauri.

O dono da birosca virou-se para mim:

— O Alemão mora nessa direção, perto da capela. Quando chegar por lá é só perguntar. Todo mundo conhece o Alemão.

Agradeci – e me mandei.

No caminho, fui pensando: "Será que o Ezequias e o Artur conseguiram fugir?". Pensei na Pequena e a imaginei morta, estendida no chão, ensanguentada. Será? Merda! De um jeito especial, que não sei explicar, eu a amava, tinha por ela muito carinho. Eu a admirava por sua coragem, sua maneira de sorrir, seu otimismo. E me recriminava por não ter dado ouvidos a ela quando me alertou sobre o Chico: "Filho da puta!".

Subitamente, ouvi um estampido, outro em seguida, e senti como se me enfiassem uma agulha em brasa, uma faca, na batata da minha perna esquerda, pouco abaixo do joelho. Cambaleei, mas não cheguei a desabar: apoiei-me num muro e saquei meu revólver. A dor era intensa, tentei correr, mas não consegui firmar a perna ferida no chão.

Um tiro passou a centímetros da minha cabeça. Revidei meio a esmo. Novos tiros na minha direção. Um deles raspou meu braço direito.

— Levanta as mãos, terrorista filho da puta!

O sangue do ferimento da minha perna encharcava o cano da calça, empapava o meu sapato.

Gritou um tira:

— Se entrega, filho da puta, senão a gente acaba com você!

Berrou outro:

— Larga a arma! Larga a arma!

Olhei em torno. Três sujeitos, a uns três metros, apontavam as armas na minha direção. Um deles segurava uma metralhadora.

— Mãos na cabeça, porra!

Cercado, com a perna e o braço feridos, soltei a arma, ergui as mãos, puto porque não tinha como reagir.

— Pegamos você, seu filho da puta!

Indiferentes aos meus ferimentos, os meganhas me algemaram pelas costas. Puseram uma corda ao redor do meu pescoço e me puxaram morro abaixo. Moradores da Providência assistiam ao espetáculo em silêncio. Os meganhas gritavam:

— Esse cara é um terrorista!

— É um comunista!

— É um assaltante de banco!

Na rua, os meganhas puseram um capuz na minha cabeça (ele fedia a suor e a capim molhado), deram-me uma sessão de socos no tórax, na cabeça e no rosto, e me jogaram num camburão.

O ferimento da minha perna doía, o ferimento no meu braço ardia, a minha cabeça queimava – eu estava puto. Senti que havia outra pessoa no camburão. Com o joelho direito, toquei o meu companheiro e perguntei:

— Quem é?

O outro gemeu:

— Ezequias. É você, Nestor? E o Artur?

Ezequias tinha dificuldade de falar:

— Não sei. Acho que fugiu.

Silêncio.

— Foi o Chico quem nos entregou.

Ezequias não disse nada – ou, melhor, tentou dizer, mas só conseguiu gemer. Um gemido fundo e triste.

Foi nesse momento que eu tive uma certeza: nós íamos morrer.

*****

RIO DE JANEIRO, 27 DE AGOSTO DE 2002

Sofri o meu segundo enfarte em casa, o dia mal estava nascendo. A dor no peito era minha velha conhecida, como a sensação de sufocamento que me fazia tremer e suar. Clarinha dormia ao meu lado. Hesitei alguns instantes antes de chamá-la, não queria assustá-la. Sussurrei seu nome muitas vezes. Ela abriu os olhos sem entender e eu disse, com grande esforço:

— Estou me sentindo muito mal. Acho que é o meu coração.

Clarinha pulou da cama e correu para o telefone. Voltou pouco depois com um copo d'água e meus remédios – e me fez tomá-los um a um, em pequenos goles. Sentou-se na cama e, enquanto procurava me tranquilizar, passava uma toalha úmida na minha testa e face.

— Calma, Vitor. Liguei para o seu médico. Ele já está chegando.

Percebi em seus olhos que ela sentia medo, mas procurava disfarçar. Com esforço, sorri para ela. A dor no peito e no braço esquerdo, na altura do cotovelo, era muita, mas o pior de tudo era a sensação de sufocamento.

Dr. Ruy Raposo, que me acompanhava desde o primeiro infarto, não demorou a chegar, acompanhado de seu assistente, Dr. Alberto Santo, que, por sinal, tinha sido meu companheiro de turma no Souza Aguiar. Ruy aplicou-me uma medicação de urgência. Em alguns minutos, a dor começou a ceder e eu já quase podia respirar normalmente, embora sentisse meu coração ainda acelerado. Mas o enjoo permanecia – e isso me incomodava, pois odeio vomitar. Ruy mediu a minha pressão artificial. Perguntei:

— Como estou?

O médico brincou, procurando esconder sua preocupação:

— Para um cardíaco, bem.

Quando a ambulância chegou, eu pedi a Clarinha que fosse comigo. Eu tinha certeza de que, daquela vez, eu ia morrer, e não queria morrer longe de Clarinha. Queria que ela estivesse comigo, ao meu lado, que estivesse segurando a minha mão caso acontecesse algo comigo.

No hospital fui levado para a UTI, onde uma atendente furou meu braço e o ligou, via um tubo de borracha, à garrafa plástica de soro fisiológico. Em seguida, deu-me uma injeção e me fez engolir duas ou três pílulas. Ao meu lado, Ruy me disse:

— Você agora vai descansar. Volto mais tarde.

Apaguei.

*****

Mergulhei num mundo sombrio e misterioso, onde a morte não se distingue da vida. E esse mundo de pesadelo, feito de saudade, tristeza e dor, passava-se na velha casa de esquina, em Santa Rita do Sapucaí, na qual eu penetrei, sem ver ou encontrar meus entes queridos. Eu estava só na casa de esquina.

Corri até o quintal e ele lá estava, intacto, à minha espera, como eu o deixara há tantos anos, o mesmo cenário de antes: as galinhas ciscando, a lagartixa galgando o muro em disparada, as roupas penduradas no varal. Desci os degraus lentamente, o coração aos pinotes. Eu voltara ao meu mundo, eu podia abraçar o tronco rugoso e envelhecido do abacateiro, por onde formigas subiam e desciam sempre em fila. Eu voltara ao meu mundo. E ao pensar nisso, as lágrimas rolaram no meu rosto. Eu voltara. E mais importante do que isso: ele me esperara, tal como eu o deixara um dia. Ele não mudara, permanecera o mesmo, à minha espera.

Mas onde estarão meus entes queridos? Estrela, Joaquim, meus irmãos? Meus amigos? Estou só no meu mundo. Será que todos estão mortos? Ou será que apenas eu estou morto?

Medo. Medo foi o que me restou, medo de tudo e de todos. Mas eu estou só. Onde estarão todos que vi, conheci, amei e odiei na vida? Onde estão todos?

Quero ser enterrado ao pé do abacateiro, onde sempre desejei estar, de olho no céu azul, pontilhado de tufos de nuvens – as nuvens de Santa Rita do Sapucaí, rolando naquele azul intenso e claro. Quero meu nome escrito numa pedra: Vitor. Quero também os nomes dos amigos e companheiros que se foram ao longo da minha vida. Por que eles não vieram para cá?

Sinto-me cansado, encosto a cabeça no abacateiro em busca de repouso e paz.

Aos poucos as imagens do meu mundo vão se anuviando, perdem a nitidez e somem. Não ouço mais os pássaros nem o ruído das folhas arrastadas pelo vento. Os meus olhos não enxergam mais nada, a não ser um todo branco, uma espécie de massa branca, um denso nevoeiro. Envolvido e asfixiado, sinto que o meu mundo está desaparecendo. Para sempre.

— 13 —
TORTURA

A tortura é crime hediondo. É crime imperdoável, satânico, monstruoso. Quem tortura um preso político (ou qualquer outro preso ou não preso) o faz de modo consciente, frio, metódico, cruel. O torturador é um animal à margem da espécie humana. O torturador é a antiespécie humana. Não digo isso por mim, mas pelos companheiros que foram assassinados na tortura.

Muita gente justificou e defendeu a necessidade da tortura em determinadas circunstâncias e ocasiões. Um deles foi o ditador Ernesto Geisel, que, em depoimento a Maria Celina D'Araújo e Celso Castro, afirmou: "Acho que a tortura em certos casos se torna necessária para obter confissões. O inglês, no seu serviço secreto, realiza com discrição. E o nosso pessoal, inexperiente e extrovertido, fez abertamente. Não justifico a tortura, mas reconheço que há circunstâncias em que o indivíduo é impelido a praticá-la para obter determinadas confissões e, assim, evitar um mal maior".

O comentário do ditador Geisel é, em si, cínico e torpe, e expõe uma personalidade deformada, doentia, abominável. Ninguém, com o mínimo de escrúpulo, pode defender a tortura e afirmar que, em certos casos, ela é necessária. A tortura nunca é justificável. Muito menos necessária.

A verdade é que o torturador não quer apenas obter confissões ou informações do torturado. O torturador quer, antes de tudo, estropiar e aniquilar o torturado. Bacuri (Eduardo Leite) foi torturado de modo selvagem e impiedoso durante 109 dias, apesar de não mais deter nenhuma informação do interesse dos seus algozes. O que eles queriam era punir e barbarizar o guerrilheiro que desafiara a ditadura que o torturador representava. Supliciar e matar Bacuri significava para os torturadores nada mais do que uma vitória (sobre um homem indefeso), independentemente do que ele pudesse confessar ou informar. A tortura é um ato de vingança. Bacuri foi torturado por vingança.

O torturador é movido por mecanismos mentais que não se enquadram nas explicações formais ou lógicas. O torturador quer infringir castigos físico, mental e espiritual ao torturado: sente prazer ao fazer isso. Quer castigá-lo, puni-lo, reduzi-lo a pó, destruí-lo. Deseja vê-lo sofrer e implorar, despir-se de sua condição humana. Quer vê-lo estiolar-se no sofrimento. Quer vê-lo desumanizar-se por meio da dor e do desespero. Quer submetê-lo a humilhações extremas, transformá-lo num monte de ossos, carnes, músculos, vísceras – sem vida e sem alma.

A tortura não era um recurso utilizado com o objetivo de "evitar um mal maior", como argumentou o ditador Geisel. Era a maneira pela qual o torturador tentava reduzir a nada alguém, o torturado, que um dia ousou dizer não à ditadura que ele, torturador, era produto, parte e pilar.

No fundo, o torturador tinha medo inconsciente do torturado. E isso porque temia ser derrotado por ele. O torturado era o pesadelo do torturador e não ao contrário. Por isso era necessário destruí-lo e fazê-lo servir de exemplo.

*****

RIO DE JANEIRO, 23 DE OUTUBRO DE 1970

Entrei no DOI certo de que iria morrer. Não temia a tortura, embora ninguém possa dizer que está ou estava preparado para ela. Eu sentia uma espécie de angústia em imaginar meu corpo dilacerado, picado, esquartejado, atirado aos cães ou enterrado em algum lugar da mata da Tijuca. Não queria que os meus restos fossem jogados ao mar. Sempre tive medo do mar, da agonia de morrer ou desaparecer no mar. Outra fobia que herdei de Joaquim.

Levaram-me para uma sala, onde me vi diante de três ou quatro sujeitos encapuzados. Fui despido, com violência.

— Vamos dar um trato nesse terrorista filho da puta!

O primeiro pontapé atingiu minha barriga – e me fez vergar. Levei socos, tapas, porradas que vinham de todos os lados ao mesmo tempo. Encurralado a um canto, não sei quanto tempo aguentei. Caí no chão, onde, em posição fetal, continuei a levar pontapés. Sentia na boca o gosto adocicado de sangue.

— Levanta, filho da puta!

Levei uma saraivada de pontapés – nas costelas, no baixo ventre, na perna ferida, nos braços que protegiam minha cabeça.

— Levanta, filho da puta!

Ergui-me com extrema dificuldade, pois a minha perna estava dormente. A pancadaria recomeçou – chutes, socos, gritos que me aterrorizavam. Tornei a desabar. Mais chutes e gritos. Fiquei horas sendo esbordoado. Caindo, levantando, apanhando.

— Levanta, comunista filho da puta!

Desmaiei. Quando recobrei os sentidos, estava numa cela gelada, estirado no cimento. Nu e com fortes dores em todo o corpo e rosto. Uma luz potente impedia que eu abrisse os olhos e encarasse o clarão.

*****

O médico tinha cara de nordestino, daqueles nordestinos aloirados. Apresentou-se como Dr. Jurandir. Veio dar uma espiada nos meus ferimentos. Em relação ao ferimento da perna, ele disse que eu tinha tido sorte.

— A bala transpassou a batata da perna. Isso vai evitar que eu a extraia sem anestesia.

O filho da puta disse isso rindo do próprio comentário. Eu sentia muita dor, mas reuni forças para resmungar, com ódio: "Filho de uma puta!".

Dr. Jurandir voltou a sorrir:

— Perdi a conta de quantos terroristas já me chamaram de filho da puta!

Espiou o ferimento no meu braço:

— Esse aqui foi só de raspão. Cura sozinho.

O médico fez um curativo superficial, despejou álcool e uma substância arroxeada em cima das feridas e enrolou uma faixa suja em torno de minha perna.

— Você vai ficar bem. Vou avisar aos caras que você já está pronto! – disse isso e riu mais uma vez das suas palavras.

Ofereceu-me um comprimido, que recusei:

— É um analgésico – explicou.

— Não quero.

Deu de ombros:

— Problema seu.

Examinei a cela onde estava. Ela tinha uns dois metros e meio por dois. Por aí. Não havia janela ou qualquer outra abertura para o exterior, a não ser a porta. Pelo que pude notar, a porta era de aço, com um visor que só abria por fora. A luz fortíssima ofuscava os meus olhos, mas o pior de tudo era a refrigeração, que me deixava quase enlouquecido de frio.

O chão era de cimento grosso, áspero, sem acabamento. Era incômodo tocar o meu corpo naquela lixa grossa, especialmente a bunda e as costas.

A cela não tinha cama, travesseiro ou mesmo uma folha de jornal. O teto era baixo e, como as paredes, branco. Percebi também que ela não tinha lugar apropriado para urinar e defecar. Eu teria que fazer minhas necessidades no chão.

Como um bicho enjaulado.

*****

Voltei para a sala de torturas. Levei porrada, socos, telefones e pontapés, penduraram-me no pau de arara. Recebi horas intermináveis de choques. Queimaram com uma espécie de equipamento de cauterização ou de solda, não sei diferenciar, partes sensíveis do meu corpo, como o pênis, o ânus, o saco, os mamilos. A dor era insuportável. O meu cérebro parecia estar em brasa. De vez em quando, em meio a gritos e ameaças, perguntavam:

— Vai falar ou não, terrorista filho da puta?

— Qual é o seu nome?

Eu repetia quase automaticamente o nome que constava da minha carteira de identidade falsa: "Nestor Lima".

— Tá mentindo! Diz seu nome verdadeiro! – E tome choque.

— Onde fica o seu aparelho, seu terrorista de merda! – E tome choque.

— Queremos nomes! Nomes! Fala! – E tome choque.

— Fala! Fala! Fala! – E tome choque.

Eu não respondia, até porque não conseguia articular nenhum pensamento, nenhuma ideia, não conseguia lembrar um só nome. Eu só conseguia gritar palavrões, chamava-os de filhos da puta, de escrotos, de putos, o que era apenas um consolo, nada mais do que isso. Eles se divertiam quando eu gritava e os xingava.

— Grita! Grita mais, comunista de merda! – E tome choque.

Às vezes, os torturadores me empurravam brutalmente contra a parede. Quando eu me estatelava no chão, quase sem forças, eles voltavam a me chutar. Um deles, inclusive, chegou a pisotear a minha cabeça contra o chão, e ficou girando o pé sobre ela como se estivesse esmagando um inseto desprezível.

No segundo dia de prisão resolvi abrir o aparelho de Bonsucesso que eu dividia com Pequena e Artur. Eu não sabia o que acontecera aos dois, mas, com certeza, nenhum deles, caso tivesse sobrevivido ao tiroteio, tinha voltado ao aparelho. Eu me recusava a admitir que eles estivessem mortos ou presos. No aparelho, a repressão só encontrariam papéis, livros e roupas, objetos pessoais, talvez um ou dois revólveres, nada mais do que isso. A minha "confissão" teve um efeito mágico: a sessão de tortura foi suspensa.

Quando a equipe de busca retornou, o pau voltou a cantar feio sobre mim, inclusive porque eles perceberam que eu os enganara.

Apanhei muito nessa sessão de tortura. Minha sorte, a sorte de todos os torturados, é que até eles, os torturadores, cansam.

— Daqui a pouco a gente volta, ouviu?

— Vai se preparando para o pior, seu veado!

Um deles, antes de sair, sempre me dava um chute. Era a "saideira", conforme eles mesmos diziam, rindo.

*****

Como disse, eu era obrigado a urinar e a defecar no chão da minha cela. Logo, a fedentina tornou-se insuportável, mas aos poucos fui perdendo o olfato, embora o simples olhar para a minha própria merda me fizesse ter engulhos de nojo. Os torturadores debochavam da situação.

— Cagou-se, terrorista filho da puta!

— Borrou-se de medo!

— Vai ter que comer a própria merda!

O sadismo dos torturadores não tinha limite: entraram na minha cela, esmurraram-me e me chutaram naquele espaço mínimo – e eu desabei sobre as fezes. Meu corpo ficou um horror: sujo de merda, de sangue vivo e coagulado, cheio de equimoses, feridas, sentia dores imensas e sede, muita sede.

Depois de vários dias nessa ciranda, percebi que os torturadores não mais me perguntavam nada, apenas me xingavam e supliciavam. Eles queriam apenas me castigar, fazer-me sofrer, destruir-me. E estavam conseguindo: eu sentia que minhas forças estavam chegando ao fim, eu esperava (talvez desejasse) ser assassinado a qualquer instante. O meu sofrimento era tanto, a minha dor era tanta, que eu passei a desejar que eles me dessem um tiro, degolassem-me, acabassem com tudo aquilo de uma vez. Eu não aguentava mais.

Um dia, para minha surpresa, tiraram-me da cela e mandaram eu me lavar num tanque de cimento, cuja torneira despejava um jorro generoso de água. Foi um bálsamo. A água me refrescou, pude limpar a merda que grudara e secara nas minhas pernas, braços, tórax, impregnando as dobras do meu corpo. Bebi muita água. Desde que eu chegara ao DOI quase não bebera água, era hora de aproveitar – e de me encharcar.

Quando retornei à cela, tive duas surpresas: ela estava lavada e, não sei por que fizeram isso, tinham deixado um urinol, o que me deu uma pequena, mas justa, alegria. Eu sentia muita dor no corpo, o meu ferimento da perna latejava. Sentei-me com dificuldade, procurei esticar as pernas. Fechei os olhos – eu queria dormir um pouco, descansar. Pensei nas pessoas que eu amava: Lisa, Estrela. Lembrei-me da Pequena – teria morrido? Estaria presa? E o Ezequias? Senti que meus olhos ficaram inundados de lágrimas. Merda!

Estava quase dormindo quando a porta da cela foi aberta bruscamente:

— Levanta, filho da puta! Levanta!

— Está pensando que isto aqui é um hotel?

Fui levado para o pau de arara, onde levei mais choques e porradas.

*****

Meu corpo estava quase todo ele inchado e anestesiado. Chutes, pontapés, socos causam danos, doem, mas, no fundo, são até suportáveis quando comparados ao pau de arara, aos choques, às queimaduras – e à suprema angústia dos afogamentos. A tortura nos faz sofrer na alma, no espírito. Você sente que algo se esvai de você, algo que sai pelos seus poros, pela sua boca, seus olhos e ouvidos. Sai pelos seus gritos e gemidos. Você perde a capacidade de raciocinar, de pensar.

Em meio à tortura e aos gritos e gargalhadas dos torturadores, o torturado deixa de ter identidade, perde a sua humanidade. É o objetivo último da tortura: transformar o torturado numa coisa sem vontade, sem pensamento, nada. A tortura desumaniza a vítima. O torturado transforma-se numa espécie de *nada-ser*.

Recebi novamente a visita do Dr. Jurandir, sempre exibindo uma pérfida solicitude de médico.

— Como vai, meu guerrilheiro favorito?

Sem ânimo, não cuspi na cara do filho da puta, mas encontrei forças para responder ao cinismo do médico:

— Vai tomar no cu, seu veado!

— Ôôô, está nervosinho, companheiro? Agora que desabafou, deixe-me ver seus ferimentos.

Depois de um rápido exame, atestou:

— Putz, Vitor... Você está fodidão!

Levei um susto: o médico me chamara pelo meu nome. Ele deve ter percebido o meu espanto, pois disse:

— Porra, Vitor! Pra que o susto? Aqui todo mundo sabe quem é você. Quer saber? Nós sabemos que sua mãe se chama Estrela e seu pai, que já morreu, Joaquim. Agora, fica quieto para eu poder tratar suas feridas.

O ferimento da perna ainda estava aberto e parecia estar infeccionado. Justiça seja feita, o sacana tratou das minhas feridas com profissionalismo. Limpou o ferimento, desinfetou-a, cobriu-a de um pó branco, que me pareceu sulfa. Dessa vez, usou gaze e ataduras novas. Em seguida, examinou os meus ferimentos decorrentes da tortura. Passou um óleo (não sei o que era nem desconfio) nas partes mais doloridas e informou:

— Apenas duas costelas quebradas. As demais estão afetadas, mas não estão quebradas. Examinou meu rosto: – Está um horror!

— Meu rosto?

— Está cheio de equimoses, tem alguns lanhos no rosto, um corte na testa e outro no queixo. Sua cara está muito inchada.

Perguntei, embora desconfiando que ele tentaria me enrolar:

— Como está o Ezequias, o cara que foi preso comigo?

O médico me olhou muito sério e disse:

— Não sei quem é.

Insisti:

— Ele foi preso comigo. Nós chegamos aqui juntos.

O médico falou em voz baixa:

— Nunca ouvi falar nesse tal de Ezequias. – Acrescentou: – Não sou o único médico daqui.

As reticências do médico me fizeram ficar de orelhas em pé. Os filhos da puta tinham assassinado o Ezequias.

*****

A rotina tortura/não tortura foi usada contra mim durante dias, nem sei quantos. Os torturadores eram quase sempre os mesmos. Eles se tratavam por apelidos ornitológicos: um deles era o Pardal; outro era o Sabiá; o terceiro era o Gavião; o quarto, que nem sempre estava presente, era o Corvo. E ainda havia um quinto, o que parecia ser o líder daquela equipe de filhos da puta: era o Carcará. Esse só dava as ordens – e assistia.

Eu não usava roupas; só podia tomar o café da manhã (pão duro e um caneco de café com leite frio) e duas colheres de arroz no almoço e duas outras no jantar. Tinha direito apenas a uma caneca de água (gosto horrível!) por dia, no início da noite. Ninguém conversava comigo, os torturadores apenas me torturavam, ameaçavam-me e me xingavam. Eu fedia – a suor, a merda, a sujeira. Eu estava apodrecendo.

Eu não sentia fome, inclusive porque o preso submetido a constantes suplícios perde completamente o apetite; pior ainda, sente náuseas só de pensar em comer. O sofrimento real é a sede.

*****

RIO DE JANEIRO, 2002

O meu segundo enfarte foi tecnicamente menos grave que o primeiro, mas o dano causado ao meu coração pelos dois enfartes foi extenso e grave. Foi assim que Ruy Raposo, meu médico, abriu a explicação sobre o meu estado.

Explicou em seguida que eu ficaria algum tempo no hospital, recebendo cuidados especiais, que só poderiam ser dados ali.

Fiz a pergunta idiota, mas natural naquelas circunstâncias:

— Vou morrer, Ruy?

O médico riu:

— Ainda não, meu caro. Mas nós temos que avaliar muito bem a sua situação. Você vai ser examinado amanhã por um colega meu, do Instituto do Coração, de São Paulo.

— Então eu estou fodido?

— Calma, Vitor, calma. O Dr. Amadeu Guilherme é meu amigo e está no Rio participando de um encontro de cardiologistas. Falei com ele a seu respeito e ele concordou em dar uma espiada em você.

— O meu estado é tão grave assim?

— O seu estado, não, Vitor. Mas o seu coração foi muito afetado pelos dois enfartes.

Seguiu-se um longo silêncio durante o qual pensei em Estrela, em Joaquim, nos meus dois irmãos. Joaquim falecera em 1968, vinte e dois anos antes do meu primeiro enfarte, dois anos antes de eu ser preso.

Estrela ainda morava no apartamento dos Bancários – dele jamais sairia. Mário, que era solteirão, morava com ela. Tiago se casara, separara-se, agora vivia só, paparicando uma filha, a quem ele amava muito, sem ser correspondido na mesma intensidade.

Eu, depois de tantas peripécias na vida, estava numa cama de hospital, o coração estropiado, eu triste, certo de que minha hora finalmente chegara.

Merda. Fui torturado, levei dois tiros da polícia, gramei no exílio, entrei de cabeça em tudo que fiz na vida, para descobrir agora, aos 60 anos de idade, que o meu verdadeiro inimigo, aquele que irá me matar, ou está me matando aos poucos, pulsa dentro de mim como uma fera ferida de morte. Meu coração. Meu insensato coração.

— Vai dar tudo certo, Vitor.

Esse papo de médico que quer reconfortar o paciente não me interessava. Quis saber mais:

— E como vai ser daqui em diante?

O médico ficou sério:

— Primeiro vamos ouvir o Dr. Amadeu Guilherme. Depois, faremos fazer uma série de exames em você. Fez uma pausa e acrescentou: – Aí então vamos fazer um plano de tratamento.

— Vou ficar muito tempo no hospital?

— Claro que não. Mas eu só vou liberar você quando você estiver em boas condições. Vou ser franco: o estado do seu coração merece cuidados especiais.

*****

RIO DE JANEIRO, 1970

Apesar de tudo, sobrevivi às torturas. Permaneci preso na cela minúscula e sem colchão, mas pelo menos as torturas foram suspensas. Recebi uma calça e uma camisa, o que melhorou meu aspecto.

A boia também ganhou um reforço. Recebia mais água e ao arroz incluíram um pouco de feijão e um naco de carne, que não sei dizer se era de vaca, cavalo, cachorro, gato ou rato. Um dia, o carcereiro de plantão – um reco jovem e de olhar assustado, que parecia ter medo de mim – me trouxe (escondido, claro) meia caneca de leite, que bebi como se fosse um manjar dos deuses. Ele sorriu, tímido, quando eu agradeci: "Obrigado, companheiro".

Dr. Jurandir me fez uma terceira – e última – visita. Perguntou o que eu sentia. Eu expliquei que tinha dor no corpo todo e que dois dentes meus estavam moles. Ele disse que era natural e, pela segunda vez, ofereceu-me uma aspirina.

— Não é veneno, não?

Ele riu, como sempre, e disse:

— Se fosse para você morrer, eles teriam dado um jeito nisso.

Aceitei a aspirina. Ele examinou a minha perna.

— O processo de cicatrização está indo bem.

Despediu-se, desejou-me boa sorte e saiu. Nunca mais o vi ou soube do seu paradeiro. Até hoje não sei seu nome verdadeiro.

*****

Quando fui retirado da minha cela, não me levaram imediatamente para onde estavam outros presos políticos. Permaneci duas semanas no presídio Muniz Sodré, em Gericinó, onde fiquei numa cela com presos comuns. Notei que eles me tratavam com respeito, achavam curioso eu estar naquele inferno depois de ter passado pelo que passei e ainda encontrar disposição para ler. Perguntaram-me sobre minha militância e se divertiram quando eu contei que havia assaltado bancos e restaurantes. Um dia, durante o banho de sol, o fodão do presídio, um sujeito escuro como piche e feio como o diabo (tinha uma cicatriz na face esquerda e os olhos de esclerótica amarela), procurou-me e disse apenas:

— Você é um menino valente. Aqui você está protegido.

As visitas eram aos sábados. Estrela, coitadinha, quando foi me visitar pela primeira vez, ficou o tempo todo chorando e repetindo: "Meu filho, como você está abatido. O que foi que eles fizeram com você?". Eu tentava acalmá-la, repetia que estava tudo bem, que o pior já tinha passado. Meu advogado, Heckel Lima Ramos, era amigo de um irmão de Estrela, mostrou-se muito digno e competente.

Fui também visitado por Tiago, que falou dos meus amigos dos Bancários, que todos estavam torcendo por mim. Disse que se encontrara com Clarice, agora uma mulher casada. Ela mandou me dizer que ainda hoje pensava muito em mim. Perguntei a Tiago se ele sabia da Lisa. Não, ele nunca mais soubera dela.

Mário nunca esteve comigo, mas, pelo que soube, ele sempre acompanhou Estrela em suas visitas. Esperava do lado de fora. Acho que ele nunca perdoou o fato de eu ter feito Estrela sofrer. Não nego razão a ele.

Nem todos os livros que eram levados para mim passavam pelo crivo da censura do presídio, que era realizada por um sujeito mal-encarado e baixo, truncudo, os cabelos cortados à escovinha. O seu primeiro critério de censura era o título e o desenho da capa. Foi o caso, por exemplo, do livro *Boca do inferno*, de Otto Lara Resende, em cuja capa, um desenho do ilustrador Poty, um padre ergue o braço, ameaçando dar um tabefe numa criança. O censor alegou que o livro falava mal da religião.

O censor implicou também com *O homem nu*, de Fernando Sabino.

— Livro de sacanagem não pode!

— Mas não é livro de sacanagem. É um livro de crônicas.

— Com esse título?

— É o título de uma das crônicas.

O censor ficou em silêncio, folheou o livro, coçou a cabeça, mas acabou liberando o livro.

Depois fui transferido para o presídio da Rua Frei Caneca, onde estavam os presos políticos. Aí, eu soube que Ezequias tinha morrido na tortura.

— E a Pequena?

— Sabemos que ela foi presa, mas desapareceu. Os caras negam que ela tenha sido presa.

— E o Artur?

— Ele conseguiu furar o cerco. Saiu do Brasil. Deve estar em Cuba.

Não quis saber detalhes da morte de Ezequias. Sentei-me em um canto e fiquei pensando na Pequena e na hipótese de que jamais a veria novamente. Lembrei-me de suas palavras a respeito do Chico, que nos entregara.

Durante anos alimentei grande vontade de me vingar do filho da puta.

— Um dia, vou matar ele. O Chico não perde por esperar.

*****

Percebemos uma movimentação pouco comum no presídio. Não durou muito soubemos que companheiros da VPR, sob o comando de Carlos Lamarca, tinham capturado o embaixador da Suíça, Giovanni Enrico Bücher, e exigiam em troca de sua vida a libertação de 70 presos políticos. Havia outras exigências: congelamento geral de preços, tarifa zero nas linhas dos trens da Central e a leitura, em rede nacional, a cada quatro horas, de um manifesto revolucionário. O governo retrucou quase imediatamente: aceitava a troca de presos pela vida do suíço, mas recusava *in limine* as demais exigências.

Mal soubemos que 70 companheiros seriam libertados, as especulações em torno de nomes começaram. Muitos prisioneiros não se mostraram entusiasmados: preferiam ficar, cumprir penas a que foram ou seriam condenados, e depois estarem livres para gozarem a vida. Em sua maioria, eram prisioneiros que não mais acreditavam na luta armada ou na revolução, como sabiam que a vida no exterior seria uma vida de sofrimentos, saudades e incertezas. Muitos acreditavam que logo seriam soltos ou pegariam pena leve.

Ao contrário do que aconteceu com os sequestros dos embaixadores dos Estados Unidos e da Alemanha e do cônsul japonês, o governo enrolou as negociações sobre a libertação do embaixador suíço por mais de trinta dias, num vai e vem complicado e tenso, meramente protelatório. Em alguns pontos o governo foi peremptório: não aceitava libertar os presos que tinham participado de outros sequestros e os autores de crimes de sangue. Dezoito presos, incluídos na primeira lista, recusaram-se a sair, o que foi motivo de desconfiança: eles tinham decidido por vontade própria ou tinham sido obrigados ou constrangidos a dizer não? Foram semanas de negociações difíceis e nervosas, que pareciam não ter fim. Alfredo Sirkis, em *Os carbonários*, dá um excelente depoimento sobre os acontecimentos desses dias.

Estrela e meu advogado, Heckel Lima Ramos, conversaram comigo sobre a minha saída da prisão, já que o governo não vetara o meu nome. Eu aceitei sair por dois motivos: primeiro, não podia renegar o gesto heroico daqueles que fizeram a ação para nos libertar; segundo, as gotas de sangue cigano que eu herdara de Joaquim exigiam que eu saísse, pudesse andar por aí sem rumo, livre.

Muitos dos que se recusaram a sair concordaram, inclusive, em fazer declarações na TV contra a luta armada e contra a captura do embaixador suíço. Achei isso uma tremenda sacanagem. Eu jamais faria isso, embora, dentro de mim, tivesse a convicção de que nós já tínhamos perdido a guerra. Não afirmo que a luta armada não tinha legitimidade, mas foi um erro político, tanto que, em fins de 1970, tinha sido derrotada.

Expliquei tudo isso à minha mãe e ao meu advogado. Estrela apenas disse:

— Faça o que for melhor para você, meu filho. E acrescentou: – Eu não entendo você, mas acho que você sempre soube o que fazer.

Perguntei:

— E o Mário? Ele acha que eu devo ir ou ficar?

— Ele acha que você deve ir.

Típico do Mário. Ele, no fundo, queria que eu fosse para longe, bem longe, e que, de preferência, não voltasse mais. Como já disse, Mário nunca me visitou na cadeia – e continuava a me odiar, acho.

*****

Como já comentei, as negociações com o governo foram complicadas, cheias de idas e vindas, de mensagens cifradas. Soube depois que alguns companheiros, diante das protelações, da recusa do governo de atender a todas as exigências e negar a libertação de vários companheiros, discutiram seriamente a hipótese de executar o embaixador suíço, o que, com toda a certeza, era também a vontade enrustida do governo ou de parte dele.

Em agosto de 1970, os Tupamaros, guerrilheiros uruguaios, foram forçados a executar o instrutor de torturas Dan Mitrione diante da recusa do governo em negociar. É óbvio que Dan Mitrione, um criminoso da pior espécie, merecia perder a vida, mas matá-lo não era a intenção dos Tupamaros. O objetivo da ação era denunciar a sua presença no Uruguai e libertar um grande contingente de prisioneiros.

O governo uruguaio não só se negou a atender as exigências, como desencadeou uma fantástica operação militar, vasculhando casa a casa, realizando batidas nas ruas e avenidas de Montevidéu. Os Tupamaros ficaram encurralados e não tinham como manter Dan Mitrione aprisionado. No fundo, quem puxou o gatilho da arma que matou Mitrione foi a ditadura uruguaia, mas quem arcou com as consequências foram os Tupamaros. Essa história está contada no filme *Estado de sítio*, de Costa-Gavras.

O fato é que o governo brasileiro dificultou as coisas, o que amplificou o já elevado nível de tensão e radicalismo dos sequestradores. Houve um momento, eu soube depois, em que a vida do embaixador suíço esteve por um fio. Quem o salvou foi o próprio comandante da ação, Carlos Lamarca, que tinha o poder de veto sobre decisões coletivas.

Segundo Alfredo Sirkis, no depoimento citado antes, Lamarca, indo contra a opinião dos militantes da VPR, decidiu – arcando com as consequências de sua decisão – que o embaixador não seria executado. Tenho a certeza, hoje, de que não fosse ele o famoso Lamarca, um sujeito de grande coragem e poder de liderança, o embaixador Bücher teria sido fuzilado, o que significaria não só uma estupidez política como a morte dos 70 prisioneiros que seriam libertados. Sirkis foi, por sinal, o único do comando que acompanhou e apoiou a decisão de Lamarca.

O certo é que, apesar de libertar prisioneiros, a VPR saiu rachada do episódio e reprovada pela opinião pública, mas não tanto caso tivesse justiçado o embaixador. O sequestro de Bücher, que aparentemente foi um sucesso, evidenciou o quanto a VPR estava enfraquecida e fora do prumo.

A verdade é que o governo brasileiro aceitou libertar 70 presos porque sofreu grande pressão da Suíça, país que "hospedava" em seus bancos grandes fortunas das nossas elites, grande parte delas obtidas em "tenebrosas transações". Na época, comentou-se que o governo suíço ameaçara congelar a dinheirama de brasileiros depositada em seus bancos caso o embaixador fosse morto.

— 14 —
EXÍLIO

SANTIAGO, 14 DE JANEIRO DE 1971

Fomos levados à Base Aérea do Galeão, onde íamos tomar o avião da Varig que nos levaria para o Chile. Estávamos algemados de dois em dois. Entre os banidos estava um amigo meu dos tempos dos Bancários, Luiz Alberto Barreto Leite Sanz, a quem, apesar dos seus dois metros de altura, chamávamos de Nenê. Uma grande figura.

Seguindo ordens (e gritos) dos agentes da Polícia Federal, organizamo-nos para a fotografia diante do avião, uma fila agachada e outra em pé, como costumam fazer as equipes de futebol. Alguns levantaram os braços fazendo o "V" de vitória ou mostrando o punho fechado, um sinal de luta. Um oficial da Aeronáutica, que estava perto, berrou apoplético: "Baixem as mãos, comunas filhos da puta!". Protestamos, rimos, debochamos do milico, que nos olhou com ódio e disse: "Se voltarem, já sabem! Não tem mais essa de prisão porra nenhuma! Quem voltar vai morrer!". As organizações sofreram na carne as palavras do meganha: quase todos que retornaram (ou tentaram retornar) clandestinamente ao Brasil foram executados. Raros os que sobreviveram.

Vários tiras nos acompanharam até o Chile. Alguns deles puxaram conversa conosco durante o voo. Embora eu seja, por natureza, um sujeito que gosta de conversar, respondi com monossílabos às perguntas que eles me fizeram. Um deles, inclusive, que tinha a cara bexiguenta, teve a petulância de me dizer que não tinha nada contra mim nem contra ninguém, que nos admirava por nossa coragem, que estava ali por mera formalidade. Tive vontade de cuspir na cara dele, principalmente quando ele me disse que nunca torturou ninguém, mas me contive. Eu tinha tudo contra eles. Eram todos uns grandíssimos filhos da puta. Torturador para mim é escória e deve ser tratado como escória.

Acintosamente, abri um dicionário de espanhol que Estrela me dera e durante o restante da viagem ignorei o meganha. Eu estava sentado da poltrona do meio, meu companheiro (com o qual eu dividia a algema) estava sentado na janela (chamava-se Marcos); o meganha estava aboletado na poltrona do corredor.

Muitos de nós apresentávamos sinais físicos da tortura que sofremos. Eu mesmo passei a mancar ligeiramente da perna esquerda devido ao tiro que levei ao ser preso e, de quebra, ainda sentia dor (não muito forte) no peito e nas costas, tantos foram os chutes e socos que levei. Pior, contudo, eram as sequelas psíquicas, que afetou a vida de muitos. Basta lembrar os casos do frade dominicano Tito de Alencar Lima, ligado à ALN, e dos estudantes Maria Auxiliadora Lara Barcellos e Gustavo Schiller, ambos da VAR-Palmares, cujos sofrimentos e fantasmas interiores falaram mais alto que a sua disposição de continuar vivendo.

O voo foi tranquilo, sem turbulências. O ambiente, após algum tempo, foi se desanuviando. Todos conversavam com todos, alguns traçavam planos e externavam a felicidade, que não era pouca, de estarem livres, distantes dos cubículos em que vivíamos. Aproveitando que o tira que nos acompanhava foi ao banheiro, Marcos, o meu companheiro de algemas, virou-se para mim e, depois de rodeios e sussurros, perguntou em voz baixa se eu pretendia voltar ao Brasil clandestinamente para continuar a luta. A pergunta, a essa altura dos acontecimentos, era insólita e estúpida.

Desconversei:

— Não sei. Vamos ver.

Pensei um pouco e resolvi ser claro:

— Nós fomos derrotados, Marcos. A luta armada praticamente acabou. Só nos restam uns 10 combatentes, sem armas, sem dinheiro, sem lugar onde se esconder, o diabo. Vão morrer a qualquer momento e eles sabem disso. Fomos derrotados.

— Mas o povo...

Interrompi:

— Chega de falar de povo, Marcos. O povo nem sabe que existimos.

E dei o assunto como terminado. Marcos se mancou e não me perguntou mais nada.

Na minha cabeça, as coisas estavam bem claras: não tínhamos mais como e por que continuar a luta. Os gatos pingados que ainda resistiam —

inclusive aqueles que sequestraram o embaixador suíço – tinham mais é que sair do Brasil, principalmente o Lamarca, o mais procurado de todos. A repressão ia apertar ainda mais o cerco e destroçar os remanescentes.

A luta armada, em minha opinião, tinha entrado em refluxo há muito tempo, nós é que não tínhamos notado – ou tínhamos, mas nos recusamos a aceitar tal ideia. A classe dominante estava unida. Fechada com o governo, a classe média vivia das sobras do milagre, feliz. O povão não tomava conhecimento da nossa existência. O chamado "milagre" e a Copa do Mundo eram realidades que nós nos recusávamos a enxergar. Que futuro restava à luta armada?

A sociedade brasileira, em sua maioria, via-nos como terroristas. Tínhamos que pensar no que fazer agora e no futuro, pois era certo que a luta armada fora derrotada. Nós não conhecíamos o Brasil (como ainda hoje não conhecemos), não tínhamos nenhuma teoria sólida sobre o Brasil (como ainda hoje não temos) nem sobre os brasileiros. Perdemos muitos companheiros, alguns insubstituíveis.

*****

Eu estava sem sono e excitado, tinha até dificuldade de pensar nas coisas da minha vida. Minha libido, que ficara adormecida durante o período de cana, onde eu só via homem barbado e cabeludo, muita escrotidão e merda, estava despertando, tanto que a imagem de Doralice não me saía da cabeça. É isso mesmo: enquanto meus companheiros de voo, talvez não todos, pensavam e discutiam política, faziam planos do que fazer no Chile e planos de voltar ao Brasil, debatiam a continuidade da luta armada, eu só pensava em Doralice. Sonhos irrealizáveis, os deles e o meu.

Acabei por dormir, mas foi um sono superficial, com sonhos confusos, em que fatos e pessoas se misturavam e falavam coisas desconexas. A casa de esquina transformara-se numa prisão. No quintal – o meu mundo – cadáveres se amontoavam, urubus disputavam suas carnes e vísceras.

Foram sonhos medonhos, dominados pelo terror e pela dor. Eles me causaram grande sofrimento.

*****

O alvoroço me despertou: estávamos sobrevoando os Andes, que, um dia, alguém afirmou – todos nós, num certo momento, acreditamos nisso – que iria se transformar na Sierra Maestra da revolução continental. A noite estava muito escura, mas víamos sombras: os ex-presos políticos disputavam uma fresta que fosse das janelas do avião. Todos pareciam extasiados e excitados.

Eu acompanhava toda aquela movimentação com sentimentos dúbios. Bem verdade que eu sentia o chamado nó na garganta, uma vontade quase incontrolável de chorar. Era a minha maneira de sentir que, embora diante de um futuro incerto e, com certeza, perigoso, eu estava livre – e por ser livre estava atravessando uma nova porta na minha vida.

Mas eu estava me distanciando cada vez mais das pessoas e dos lugares que amava. Os meus: Estrela, Mário, Tiago, meus amigos dos Bancários, do Souza Aguiar, das minhas caminhadas pelo Catete, das minhas ex-namoradas. Mais uma vez, a distância ia me separar de tudo que eu amava. Primeiro, saí de Santa Rita do Sapucaí, deixando para trás a casa de esquina, o quintal, o abacateiro; depois, saí dos Bancários, fui viver na clandestinidade, longe dos meus amigos e da minha família; agora, eu saía do Brasil, rumo a um país que jamais pensei em conhecer. Eu não enxergava o futuro, o meu futuro, mas isso era o preço que eu pagava pela minha liberdade.

No Chile, Salvador Allende havia sido eleito, defendendo um projeto que surpreendia (e alegrava) a nós, que tínhamos optado pela luta armada: a edificação do socialismo em democracia, pluralismo e liberdade. Era o que ele chamava de via chilena para o socialismo. Allende era um grande homem. Acreditava na tradição democrática do Chile, nos padrões elevados da educação do seu povo, no perfil legalista das forças armadas locais, na solidez das instituições políticas e judiciárias do país e na mobilização consciente e firme dos trabalhadores chilenos.

Em certos aspectos, a experiência de Allende aproximava-se da de Jango: o presidente chileno falava em via chilena para o socialismo; Jango defendia as reformas de base, que, levadas a diante, certamente mudariam o Brasil. As propostas de Allende talvez tivessem mais conteúdo que as de Jango, mas ambos defendiam projetos generosos para seus povos. Ambos lutaram contra grandes interesses políticos e econômicos, ambos enfrentaram as elites de seus países, ambos foram depostos.

Nós estávamos agora sobrevoando o Chile. Logo estaríamos em terra. Estava começando uma experiência inesquecível. Eu estava livre. Livre.

*****

RIO DE JANEIRO, 16 DE JULHO DE 2000

Tragédia na família. A notícia chegou-me por telefone: Tiago, meu irmão mais moço, após quinze dias em coma, havia falecido. Ele tinha 52 anos. Tivera um AVC, perdera a consciência e não mais a recuperou. Eu tinha esperança de que ele saísse dessa.

Fui ao encontro de Estrela. Ela estava em choque. Era o segundo filho que perdia: primeiro, Paulo, em Santa Rita do Sapucaí; agora, Tiago. Eu, de minha parte, senti muito a morte de Tiago, inclusive por não ter tido com ele a intimidade que ele e eu podíamos ter tido.

Mário ficou inconsolável. Ele era bem mais próximo de Tiago. Ambos eram diferentes em tudo. Talvez fosse isso o que os aproximava tanto.

Tiago me fazia pensar muito em Joaquim: ambos tinham o mesmo temperamento, a mesma maneira de caminhar, o mesmo jeito de rir. Eram ambos exagerados: nos gestos, principalmente. Eram ambos exageradamente glutões. Os dois fumavam demais, mas não bebiam. Diferenciavam-se num ponto: enquanto Joaquim pulava de emprego em emprego, Tiago trabalhou anos e anos numa multinacional, e foi lá que ele teve o AVC. Foi encontrado sem sentidos, emborcado sobre sua mesa de trabalho.

Quando estive preso, Tiago me visitou várias vezes. Sempre me levava notícias dos meus amigos, pelo menos uma vez falou de Clarice.

Senti muito a morte de Tiago.

RIO DE JANEIRO, 2002

Dr. Amadeu Guilherme era um sujeito de meia-idade, cabelos grisalhos, simpático e cortês. Levado por Ruy Raposo, o médico paulista esteve no quarto comigo, fez-me as perguntas de praxe, explicou que eu deveria seguir o tratamento que seria prescrito pelo seu colega, com quem conversara após examinar o meu histórico médico e o resultado dos meus últimos exames.

Tentei arrancar dele algumas informações, mas ele disse que o Ruy Raposo me repassaria suas conclusões. Por fim, desejou-me boa sorte, disse que voltaria para São Paulo no dia seguinte.

Eu estava ansioso:

— Então, Ruy, qual é o diagnóstico do Dr. Amadeu?

— O seu estado geral é de razoável para bom, mas o seu coração, como eu já disse, foi muito afetado pelos dois enfartes.

— Vou morrer?

— Precisamos ver a evolução do seu quadro de saúde. Daqui a três dias, se tudo correr bem, você vai ter alta. Você vai para casa e nós vamos acompanhar a evolução da sua saúde. – Fez uma pausa: – Dependendo, vamos ser obrigados a tomar a única providência que nos resta.

Silêncio.

— E que providência é essa? – perguntei desconfiado.

O médico acercou-se da minha cama, olhou-me fixamente e sussurrou:

— Um transplante.

SANTIAGO, 4 DE JANEIRO DE 1971

Viver no exílio é como viver na clandestinidade: uma merda.

Viajar a turismo é uma coisa, conhecer os países, visitar museus e galerias de arte, ir a restaurantes, flanar, permanecer neles alguns dias, isso é uma coisa prazerosa, uma das melhores coisas da vida. Mas desembarcar num país estranho sabendo que vamos morar nele, sem conhecer ninguém, longe de tudo e de todos, bem, isso é uma grande merda, o que a gente percebe logo nos primeiros dias de exílio.

Bem verdade que nos primeiros dias a gente ainda se deixa dominar pela curiosidade, pelo interesse intelectual, pelo prazer de conhecer pessoas e um novo país. Com o passar dos dias, das semanas, dos meses, dos anos, a saudade vai apertando como um torniquete e nós acabamos descobrindo o quanto estamos enraizados ao nosso país de origem, à nossa língua, à nossa cultura, à nossa maneira de ser. Percebemos, enfim, que estamos numa terra estranha, que não é a nossa, apesar da eventual cordialidade e simpatia dos nativos e da esperança que começamos a cultivar – mais sonho que realidade – de que o exílio não durará muito.

No exílio, o ex-preso político, libertado mediante o sequestro de um diplomata, experimenta a angustiante sensação de estar sendo observado, seguido, vigiado. Trata-se de uma paranoia, mas ela atinge a todos, em graus variados.

O avião aterrissou em Santiago na madrugada do dia 14 de janeiro. Fomos recepcionados por chilenos e por exilados brasileiros (em 1970, havia cerca de três mil brasileiros exilados no Chile). Foi uma festa emocionante – beijos, abraços, gritos, cantoria, lágrimas. O representante de Salvador Allende nos saudou com grande emoção e carinho, falou em unidade dos povos latino-americanos, exaltou a democracia chilena e, por fim, informou que, por decisão direta do presidente Allende, os agentes policiais, representantes da ditadura brasileira, que nos acompanharam no voo, sequer receberam autorização de saírem do avião. Foi muito aplaudido.

Fomos levados para o Hogar Pedro Aguirre Cerda, instalado no Parque Cousiño (uma esplendorosa área verde próxima ao centro de Santiago), que hoje, parece, chama-se Parque O'Higgins. Eu me instalei num quarto com dois outros companheiros: Marcos, com quem eu viajara algemado, e um rapaz (aparentava ter uns 20 anos) chamado Maurício, da ALN.

Logo que chegamos deu-se o inevitável: com a presença de exilados e chilenos, pipocaram reuniões (separadas, claro) das diversas organizações, as quais seguiram a velha tradição da esquerda: a fragmentação de grupos. Fui chamado para participar de uma reunião da VPR. Apesar de relutante, compareci, mas não abri a boca, só escutei.

Percebi, no grupo, muita gente constrangida com o rumo da discussão, mas notei que muitos falavam como se estivéssemos derrotando a ditadura, como se já tivéssemos dominado parte do território brasileiro. Falou-se, por exemplo, que a guerrilha rural seria desencadeada nos próximos seis meses, sob o comando de Carlos Lamarca. Uma jovem, inclusive, chegou a afirmar – para espanto de alguns – que o comandante já havia se deslocado para a região guerrilheira com cerca de 30 companheiros e companheiras, todos treinados em Cuba.

Discutiu-se também a hipótese do retorno clandestino e imediato de alguns dos nossos ao Brasil. Discutiu-se, ainda, a ida de alguns quadros para Cuba, onde fariam treinamentos de guerrilha antes da volta ao Brasil.

Fiquei na minha, mas a maioria dos presentes argumentou, sob o olhar de reprovação da jovem que nos informara sobre o foco guerrilheiro liderado por Lamarca, que discutir a questão era, naquele momento, prematuro. Afinal, disse um sujeito cujo sotaque era nordestino, o retorno ao Brasil exigiria grana e infraestrutura, duas coisas de que carecíamos. Todos concordaram, e a pedido de um grupo de exilados que permanecera se entreolhando e em silêncio o tempo todo, a reunião foi encerrada, sendo marcada outra para dali a uma semana.

Fui para o quarto, disposto a me isolar de tudo e de todos. Levara comigo alguns livros, e após examiná-los resolvi começar a ler *Memorial de Aires*, de Machado de Assis, livro que eu já tivera nas mãos diversas vezes, mas não tivera condições nem vontade de ler. Marcos e Maurício não me aporrinharam. Ao contrário, resolveram seguir o meu exemplo. Deitaram-se e abriram livros.

Em menos de meia hora estávamos os três dormindo.

*****

RIO DE JANEIRO, 2002

Tive alta do hospital e fiquei sendo monitorado, tipo marcação homem a homem, por Ruy Raposo e seu assistente, Alberto Santo. Todos os dias, um deles ia à minha casa, em sistema de revezamento. Viam a minha pressão, faziam perguntas. Isso dá bem a ideia do meu estado de saúde. Se hoje estou vivo devo em grande medida à dedicação dos meus dois médicos.

Mas eu estava mal, apesar de tudo, e sentia que a cada dia eu piorava. Os dois ouviram minhas queixas e reiteraram que o meu músculo cardíaco tinha sido duramente afetado pelos dois enfartes. Minha insuficiência cardíaca era global, daí a falta de ar que passei a sentir intensa e opressivamente, o inchaço nas pernas (meus tornozelos pareciam dois troncos de árvore), a minha palidez cutânea, o meu extremo e permanente cansaço. Eu mal podia me levantar para ir (quase me arrastando) ao banheiro: era como se eu estivesse correndo uma maratona.

Eles não me falavam isso, claro, mas eu sentia que, embora lúcido, eu estava entre a vida e a morte. Eu passava o dia arriado na poltrona, tendo crises de falta de ar.

Pior de tudo era o desânimo, a falta de disposição e de força. Não tinha ânimo para nada – ler, comer, andar, assistir televisão, ouvir rádio, tomar banho, fazer a barba. Cheguei à conclusão óbvia: eu estava fodido e mal pago.

A depressão me comia por dentro e por fora, minando a minha vontade de viver. Vou confessar uma coisa: um dia pensei em me matar. Por ironia, a falta de forças, o desânimo, a certeza de que nem isso valia a pena, impediram-me de dar um tiro na cabeça ou de me jogar pela janela do meu apartamento (oitavo andar).

A falta de ar me desesperava. No fundo, eu já estava morto, nem dormir eu podia ou conseguia, apesar dos remédios que tomava. Eu praticamente não mais me deitava: eu dormia sentado. Deitado, a falta de ar me sufocava; sentado, a falta de ar apenas me agoniava. Entre o sufocamento e a agonia, optei pela agonia. Porra, eu tinha sido torturado por um bando de meganhas; agora, a vida e o meu coração, de certa forma, faziam o mesmo comigo.

Clarinha estava sempre ao meu lado – e eu percebia no seu olhar a enorme preocupação que a dominava. Nem sexo eu sentia vontade ou tinha condições para fazer. Aliás, nem podia: meu pau não subia – sem trocadilho – nem a pau. *My friends*, eu estava completamente broxa. Acho que se eu conseguisse foder, morreria antes de gozar. O esforço certamente seria superior às minhas forças.

Ruy Raposo e Alberto Santo me informavam sobre a busca de um doador. Vários hospitais e equipes médicas estavam prevenidos. Eu apenas perguntava se ainda ia demorar muito. A resposta dos meus médicos era sempre a mesma, cautelosa: vamos torcer para que seja o mais rápido possível.

Não me dei conta na época, mas a sôfrega e agoniada espera por uma doação compatível de coração (o meu caso, mas ele se aplica a outros órgãos), significava o desejo de que alguém (não importava quem) morresse e dele se extraísse o coração que me salvaria. Certa vez, vi na TV um documentário sobre a vida selvagem na África. Um bando de abutres aguardava com paciência que leões devorassem um búfalo e terminassem por abandonar a carcaça e restos de carne, sobras que as aves, aí sim, disputariam entre elas. O receptor de um coração (o meu caso) é uma espécie de abutre: fica rondando os hospitais à espera da morte de uma pessoa, da qual vão arrancar o coração (às vezes, aproveitam para retirar outros órgãos) que irá salvar e pulsar no peito de um sujeito qualquer. Um sujeito que o doador e a família do doador jamais viram. Chamam a doação de órgão ou órgãos de "o último ato bondoso de um ser humano". Nem fodendo!

Uma pessoa precisava morrer para que eu sobrevivesse. A família de uma pessoa precisava sofrer para que a minha ficasse feliz.

*****

VIÑA DEL MAR, 1971

Fui ao encontro com Salvador Allende, que recebeu, em Viña del Mar, os ex-presos políticos brasileiros. O presidente chileno era baixo, mas impressionava pela firmeza e pelo entusiasmo com que defendia o seu projeto político. A verdade é que o governo Allende estava inaugurando algo novo no panorama latino-americano, que, caso desse certo, abriria grandes perspectivas para as esquerdas do continente.

Ouvi a arenga do presidente chileno evitando me deixar levar pela euforia e pelo "já ganhou". Eu tinha dentro de mim que a via chilena para o socialismo enfrentaria chuvas e trovoadas, tsunamis e tornados, terremotos e vulcões; enfrentaria a ira das elites dominantes (não só chilenas) e os interesses do capital internacional, mormente norte-americano, cuja presença no Chile era ostensiva. No íntimo, diante do presidente que defendia com ardor as suas ideias, eu temia que o governo Allende fosse engolido por forças superiores à sua capacidade de enfrentar. O Chile é um país de recursos, principalmente minerais e marinhos, onde os investimentos norte-americanos eram maciços e poderosos – logo, intocáveis.

Gostei de Salvador Allende. Ele me transmitiu a impressão de ser um sujeito educado, culto e sincero, mas também um tanto sonhador (eu ia escrever ingênuo, mas preferi dizer sonhador, não sei se me entendem).

*****

SANTIAGO, 1971

Dias após ter chegado ao Chile, fui procurado no Hogar por um ex-colega de turma do Colégio Santo Antônio Maria Zaccaria, Luís Miguel Zuñiga, cujo pai, nos anos 1950, tinha sido adido "qualquer coisa" na embaixada chilena no Rio de Janeiro, na época Distrito Federal. Zuñiga pai era um empresário da indústria metalúrgica.

Zuñiga, meu ex-colega, sabia da minha situação e desejava me ajudar. Ofereceu-me um emprego na sua firma de construção. Trabalho administrativo simples, que me daria tempo para conhecer Santiago e salário para alugar um lugar só meu.

Fomos a um café próximo. Zuñiga lembrou-me um episódio do nosso tempo de Zaccaria. Certa época, objetos e dinheiro dos alunos da nossa turma estavam sendo roubados. Os roubos aconteciam provavelmente durante os recreios: os meninos deixavam seus pertences (relógios, canetas, óculos) e grana na sala e, quando voltavam, eles tinham sumido. Alguns coleguinhas, talvez pelo fato de ser Zuñiga um estrangeiro, acusaram-no, sem prova nenhuma, de ser o gatuno. Foi uma merda. Os padres, tendo à frente um italianão sanguíneo chamado Guffanti, abriram um processo disciplinar contra Zuñiga, mas eu fui veemente na defesa do chileno. Lembro-me, inclusive, que um dia fiz um discurso em sala de aula em defesa de Zuñiga.

O problema é que os padres estavam sendo pressionados por pais, professores e alunos. Zuñiga seria, assim, o bode expiatório.

Chamado a depor (eu também tinha sido roubado), eu disse que durante os recreios eu costumava ficar conversando com o Zuñiga, por isso era impossível ser ele o ladrão. Inclusive, no dia em que fui roubado eu estivera o tempo todo com o chileno no recreio. Bem, Zuñiga não foi punido, o caso foi sepultado, mas o pai dele, puto com a direção do colégio, tirou-o do Zaccaria, transferindo-o para o Colégio Santo Inácio. Fiquei anos sem vê-lo.

Rimos muito da história. Zuñiga me disse que, em sua opinião, o verdadeiro larápio era um colega nosso, bichona e gorducho, que a garotada vivia comendo nos banheiros da escola. Ele também era especialista em bater punheta nos colegas, inclusive em sala de aula (os bancos escolares eram de madeira e duplos). Ele morava numa transversal pouca extensa e sem saída da Rua das Laranjeiras. Nós nos lembrávamos dele, do seu jeitão meio desengonçado, mas tínhamos esquecido o seu nome. Melhor assim.

Zuñiga me disse que nunca esqueceu o que eu fiz por ele. Foi por isso, inclusive, que, ao ler nos jornais o meu nome na lista dos 70 ex-presos políticos, resolveu me procurar e me oferecer emprego e ajuda. Era, segundo ele, o mínimo que podia fazer por mim. Só impunha uma condição: jamais falar de política com o pai dele. O velho odiava Salvador Allende.

À noite, conversei com meus companheiros de quarto sobre o oferecimento do meu amigo chileno e informei que tinha aceitado. Com isso, eu procurava reafirmar o que tinha dito inúmeras vezes: eu não voltaria clandestino ao Brasil para retomar a luta armada.

SANTIAGO, 1971

Na época da clandestinidade, vivi nos mais estranhos e sórdidos aparelhos, nos locais mais improváveis. Lembro-me de um aparelho que dividi com a Pequena, em Inhaúma, um subúrbio quentíssimo do Rio de Janeiro, próximo a uma favela paupérrima. Quando fui preso, eu, Pequena e Artur morávamos em Bonsucesso, num beco com pouca iluminação e muito lixo. O único lugar legal que morei foi o quarto que aluguei no apartamento de Dona Iracema, em Copacabana (quando voltei do exílio fui lá, queria conversar com ela e pedir desculpas por tê-la enganado. Não deu: o porteiro, um velhinho, informou-me que ela tinha morrido).

Em Santiago, assim que comecei a trabalhar na Valparaiso (nome da firma de Zuñiga), resolvi procurar um lugar para morar. O próprio Zuñiga me levou, a meu pedido, para conhecer alguns bairros – de preferência próximos ao Centro de Santiago.

Gostei de alguns, mas acabei por me fixar no Bellavista, onde aluguei, com o aval do meu amigo, uma casa pequena de dois quartos na Calle Loreto.

Desde cedo criei o hábito (hábito, aliás, que eu tinha no Rio de Janeiro) de caminhar pelas ruas do Centro e de Bellavista. Zuñiga me liberava sempre às 17h, de modo que eu tinha muito tempo para perambular pelas ruas, observando pessoas, praças, livrarias, o anoitecer. Só ia para casa depois das 20h. Comecei a ler a literatura chilena e, por extensão, a literatura hispano-americana. Tive grandes e saborosas surpresas. A literatura do Chile é prodigiosa, produziu dois prêmios Nobel: Pablo Neruda e Gabriela Mistral. Tornei-me um fervoroso admirador de Neruda, de quem até então eu não tinha lido rigorosamente nada.

Aos fins de semana, principalmente aos sábados, eu saía cedo de casa e ia a pé até o Parque Florestal, onde passava o dia lendo, ou ia ao Mercado Central. De lá, às vezes, eu caminhava até a Plaza de Armas (a duas quadras do escritório de Zuñiga, na calle Ahumada). Aos domingos, eu ficava em casa, dormindo, lendo e ouvindo música. Ia também ao cinema e ao teatro: logo que cheguei vi uma bela montagem, por um grupo amador, de *Hamlet*, de Shakespeare.

Às vezes, mas aí não tinha dia certo, eu era convocado para uma reunião de exilados. Uma delas ficou gravada na minha memória. Um figurão do MIR (Movimiento de Isquierda Revolucionária) chileno foi convidado para falar sobre a situação política chilena. Falou como o velho dirigente da POLOP às vésperas do comício do dia 13 de março, na Central do Brasil: Allende, segundo o mirista, não passava de um reformista pequeno-burguês, iludido pela perspectiva de fazer mudanças sem aniquilar a classe dominante. Era um papo tão maluco, tão pretensioso, tão equivocado, mas tão conhecido por mim, que eu preferi não dizer nada. Resignei-me a ouvir.

Quando a reunião se encerrou, Marcos veio conversar comigo. Contei-lhe sobre a reunião da Polop pré-comício da Central.

— É óbvio que um eventual golpe no Chile será dado pelos militares e pela direita, tal como aconteceu no Brasil. E esses idiotas do MIR achando que o grande inimigo é o Allende! Não são só mal-intencionados, coitados, são burros!

Durante a reunião, percebi a presença de uma jovem que eu tinha certeza de que conhecia de algum lugar. Eu olhava para ela, fuçava minha memória, e nada. Ela, por sua vez olhava para mim e sorria. Após a conversa com Marcos, fui falar com ela, que me perguntou, sorrindo:

— Não se lembra de mim, Rubens?

Estranhei ser chamado de Rubens, codinome que eu usara há muito tempo.

— Menina, eu sei que conheço você, mas, sinceramente, não me lembro de onde. Desculpe.

— Eu sou, ou melhor, eu era, a Ana, lembra? Em 1964, nós dois panfletamos a Cinelândia, nós éramos da POLOP. Subimos até o último andar do prédio da Odeon. Lembra agora?

— Ana! Você!

Ela riu:

— Lembra que você, depois da panfletagem, me convidou para tomar um chope?

Fiquei surpreso por ela ainda se lembrar do episódio.

— Não fala, Ana, não fala. Foi a cantada mais idiota que eu dei na vida!

Ela tornou a rir, como quem se diverte com minha cara.

— Pois hoje quem convida sou eu. Vamos saborear um bom vinho chileno? Conheço um ótimo lugar.

Foi a minha vez de rir.

— E o maridão? Não vai bronquear?

— Não tenho mais marido. – Mudou de assunto: – Me deixe dizer uma coisa. Meu nome não é Ana, é Paula.

— E o meu não é Rubens, é Vitor.

Naquela noite dormi na casa de Paula, que morava com uma amiga chamada Elisa, que era da ALN.

*****

RIO DE JANEIRO, 2002

Eram quase 22h quando Ruy Raposo apareceu na minha casa. Estava sorridente.

— Tenho ótimas notícias! Encontramos um coração!

Ruy explicou que um homem sofrera um acidente e dera entrada, pela manhã, no Hospital Miguel Couto entre a vida e a morte. Quando os médicos atestaram a morte cerebral do acidentado, Alberto Santo, que havia sido chamado, conversou pessoalmente com a família do morto, que aceitou fazer a doação.

— Você vai fazer o transplante depois de amanhã, Vitor. Já telefonei para o Dr. Amadeu Guilherme. Ele virá amanhã de São Paulo com dois outros médicos da equipe dele. Nós vamos começar a fazer exames em você amanhã bem cedo, prepare-se. Nós já sabemos tudo sobre o morto e o coração. Agora precisamos saber tudo sobre você.

Clarinha quis saber:

— Ele vai para o hospital ainda hoje?

— Vai agora. Eu não vim aqui só para dar a boa notícia. Eu vim buscá-lo, Clara. Não temos tempo a perder.

Meus olhos estavam cheios de lágrimas. Não sei se de alegria ou de pavor.

*****

SANTIAGO, SETEMBRO DE 1971

Oito meses após a nossa chegada a Santiago, no momento em que companheiros mais deliravam sobre o futuro da luta armada no Brasil, recebemos a notícia de que, em 17 de setembro de 1971, Carlos Lamarca fora assassinado no sertão da Bahia.

O que estaria fazendo Carlos Lamarca naquele sertão perdido de Deus?

Soubemos, nos dias seguintes, que ele tinha ido para Salvador, deixara sua companheira Iara Iavelberg na capital baiana, e partira com José Campos Barreto, o Zequinha, ex-metalúrgico organizador de várias greves no ABC paulista, para o interior da Bahia. Iam sem destino. Perseguido por militares, doente e desnutrido, Lamarca foi localizado próximo a Pintada, um povoado no meio do nada. Ele e Zequinha estavam sós e descansavam ao pé de uma árvore raquítica. Foram fuzilados sumariamente.

Dias antes, em 28 de agosto de 1971, Iara Iavelberg fora localizada num apartamento do bairro do Pituba, Salvador, e fuzilada pela polícia. Lamarca morreu sem saber que a sua companheira tinha sido assassinada.

A morte de Carlos Lamarca foi um choque na comunidade de exilados brasileiros no Chile. Eu sofri muito ao saber da notícia, não só porque tinha grande admiração por ele, como porque ele fora o comandante da ação que me tirara da cadeia.

*****

SANTIAGO, 1973

Não pretendo contar em detalhes como vivi os meus dez anos de exílio. Vou apenas comentar, em linhas gerais, os meus feitos e desfeitos no período.

Em 11 de setembro de 1973, os militares chilenos derrubaram o governo de Salvador Allende. Foi uma coisa horrorosa.

Os militares chilenos e os carabineiros agiram com extrema dureza, reprimindo a ferro e fogo todos que se opunham ao golpe ou pertenciam ao governo. Houve fuzilamentos sumários, cadáveres eram vistos nas ruas ou boiando no Rio Mapocho, tanques e blindados militares rodavam pela cidade. O Palácio de La Moneda e a residência de Allende, na Avenida Tomás Moro, foram bombardeados por aviões Hawker Haunter, da Força Aérea chilena. Após o bombardeio, tropas do Exército invadiram o Palácio e fuzilaram todos que lá estavam, inclusive o próprio presidente (soube-se depois que Allende havia se suicidado, o que não exclui a verdade dos fatos: ele foi levado ao desespero pelos milicos chilenos).

Quando os milicos saíram às ruas, Zuñiga me alertou dos perigos. Seu pai, o velho Zuñiga, que estava envolvido na conspiração e no golpe, havia lhe contado detalhes da trama: a coisa era mesmo para valer, os milicos tinham ordem de serem implacáveis com os comunistas, subversivos e gente do governo, fossem eles chilenos ou estrangeiros. O velho Zuñiga também havia lhe dito que os exilados latino-americanos iam ser caçados, presos e sumariamente executados. Ele pediu ao filho que me avisasse. Eu deveria buscar uma embaixada, de preferência da Argentina, Itália ou Venezuela.

Dei um forte abraço no Zuñiga filho, que se ofereceu para me levar ao encontro de Paula. Agradeci, mas disse que ela estava me aguardando ali perto e seria melhor eu ir sozinho, não valia a pena ele se arriscar. O meu amigo deu-me quinhentos dólares, dizendo que era para os meus gastos mais emergentes. Aceitei. Foi a última vez que vi Zuñiga. Ele foi um exemplo de que as pessoas podem ser amigas e solidárias entre si, independentemente de suas posições políticas e ideológicas. Tenho saudades dele.

Pus minha mochila nas costas com o mínimo necessário e fui ao encontro de Paula.

Eu e Paula não fomos imediatamente buscar a embaixada da Venezuela, onde pretendíamos pedir asilo. Fomos antes a vários locais em busca de contatos com brasileiros e militantes chilenos de esquerda que conhecíamos. Diante de um bar, ouvimos um cidadão dizer a outro que a partir das 18h (dali a duas horas), entraria em vigor o toque de recolher. Quem estivesse nas ruas seria preso. Desistimos de procurar nossos companheiros.

*****

Eu e Paula conseguimos entrar com relativa facilidade na embaixada da Venezuela. O embaixador, parecidíssimo com o ator César Romero, recebeu-nos com cordialidade. Pediu desculpas antecipadas pelo desconforto, mas – explicou – estava fazendo o possível para garantir o mínimo de bem-estar às pessoas que ali estavam. Chamou um funcionário da embaixada, encarregado do atendimento aos asilados, e pediu que nos recebesse e nos instruísse sobre as regras que estavam sendo seguidas.

Na embaixada encontramos alguns amigos chilenos e brasileiros. Fomos informados de que alguns brasileiros, entre os quais Túlio Quintiliano, Wânio Matos e Nelson Kohl, tinham sido presos e levados para o estádio Centenário, transformado em presídio e centro de tortura e fuzilamento. Os três foram fuzilados.

Permanecemos cerca de um mês na embaixada venezuelana. O embaixador, sempre simpático e cada vez mais parecido com César Romero, e os diplomatas e funcionários se desdobravam para atender a todos os asilados. Era um inferno: tínhamos poucos sanitários disponíveis, poucos chuveiros e um refeitório no qual cabiam, apertadas, umas trinta pessoas, de sorte que tínhamos um sistema de escala para tudo: para ir ao banheiro, para tomar banho, para almoçar e jantar, para dormir. Dormíamos no chão, nos jardins, nas varandas, nos corredores e nos quartos das embaixadas, em camas improvisadas.

Nós, os asilados, éramos cerca de 150 pessoas na casa, entre homens, mulheres, idosos e crianças.

Só tínhamos um consolo: estávamos vivos.

*****

Permanecemos em Caracas por algumas semanas. De Caracas fomos para o México e, em seguida, para Cuba. Eu e Paula tínhamos documentos falsos que nos identificavam como um casal de portugueses naturalizados uruguaios. Eu era Manoel Acosta Filho e ela, Maria da Penha Acosta.

Inacreditável: nem tínhamos sotaque português, nem éramos fluentes em espanhol, mas com tais documentos chegamos a Cuba.

*****

HAVANA, 1974

Logo que chegamos a Havana fomos procurados por companheiros da VPR e da ALN. Sugeriram que nós fôssemos treinar guerrilha rural e aprender técnicas de sabotagem e emboscada para voltar ao Brasil de modo a retomar a luta contra a ditadura.

Eu e Paula dissemos que não, nós não queríamos treinar ou aprender porra nenhuma. Muito menos queríamos retornar ao Brasil, pelo menos naquele momento. Repetimos o que já vínhamos dizendo: a luta armada tinha sido derrotada, tínhamos perdido muitos quadros, inclusive nossas principais lideranças, como Marighella, Câmara Ferreira, Lamarca, Bacuri, Virgílio Gomes da Silva. Precisávamos – esse era o nosso ponto de vista – discutir o Brasil, imaginar alternativas e, sobretudo, ter muita paciência. O exílio ainda ia durar muito tempo.

A discussão que se seguiu à nossa recusa foi foda. Fomos ofendidos, chamados de bundões, de desbundados. Respondemos também com ofensas ("Bundona é a puta que te pariu!", "Desbundado é o cu da sua mãe!", "Cagão é o caralho!") – e a discussão (se é que a palavra cabe) não saiu do lugar, não avançou nem recuou, transformou-se numa baixaria inominável. Só faltou troca de tiros.

Dias depois, fomos visitados por um sujeito de meia-idade, calvo e grisalho, que se apresentou com o nome de Dalmo. Era, segundo disse, da ALN. Dalmo era educado, falava mansamente e, talvez por hábito, em voz baixa, tão baixa, que às vezes tínhamos que adivinhar o que ele dizia.

Explicou, de início, que entendia a nossa recusa de retornar ao Brasil, mas destacou que as coisas por lá estavam pendendo em nosso favor. Fiquei impaciente e indaguei, com certa rispidez, de onde ele tinha tirado tal ideia. Reiterei que, a meu ver, nós tínhamos perdido a guerra, o que precisávamos agora era avaliar nossos erros, debater profundamente e sem juízos preconcebidos a realidade brasileira e tentar definir uma nova estratégia diante disso tudo. Paula arrematou:

— Tenho certeza de que muitos companheiros que estão em Cuba também concordam conosco. Alguns estão voltando – e morrendo – porque não têm peito de dizer não.

Dalmo nos ouviu atentamente, mas não insistiu, talvez porque duvidasse dos seus próprios argumentos ou tenha percebido que insistir neles seria inútil. Perguntou se estávamos bem, se precisávamos de algum dinheiro, se pretendíamos permanecer em Cuba. Nossa intenção era mesmo permanecer em Cuba: queríamos trabalhar e estávamos dispostos a residir em qualquer cidade cubana. Não fazíamos questão de ficar em Havana.

*****

Mas permanecemos em Havana.

Paula foi trabalhar na governança do Hotel Capri, onde ficou por um ano e pouco. Depois ela foi trabalhar na fábrica de charutos Partagas. Eu fui ser recepcionista no Hotel Nacional, mas depois eu me transferi para a Academia de Ciências de Cuba, onde fui auxiliar o professor Pedro Yzquierdo Luzardo numa pesquisa sobre inovação tecnológica nos engenhos cubanos no século XIX. Residimos em Cuba por três anos e meio e viajamos por toda a ilha.

Durante o período em que moramos em Cuba, soubemos que vários companheiros que retornaram ao Brasil com a intenção de retomar a luta armada contra a ditadura foram assassinados pelos órgãos de repressão. Era evidente que, entre os asilados em Cuba, havia informantes dos órgãos de segurança. Os companheiros eram pegos no momento exato em que iam atravessar a fronteira: os meganhas estavam lá, à espera, prontos para dar o bote.

*****

HAVANA, UM SÁBADO QUALQUER DE 1974, À TARDE

Eu e Paula estávamos passeando no calçadão do Malecón quando demos de cara com Artur, único companheiro que conseguira furar o cerco policial após o assalto (frustrado) de Santo Cristo. Foi uma grande alegria.

Artur (seu verdadeiro nome era Antônio Augusto) estava com excelente aspecto, talvez um tanto barrigudo, parecia estar inteiramente integrado à vida cubana. Trabalhava no Instituto Cubano de Rádio e Televisão. Casara-se com uma médica cubana, que, naquele momento, estava na Etiópia em missão internacionalista, como dizem em Cuba. Tinham tido um filho, um cubanito chamado Ramón.

Artur não pretendia voltar para o Brasil, muito menos para dar continuidade à luta armada. Ele também estava descrente, defendia a desmobilização militar e a saída dos guerrilheiros remanescentes do Brasil. Artur sabia que o nosso grupo havia sido dizimado, apenas ele e eu tínhamos sobrevivido.

— Não. O Chico também sobreviveu – disse Paula.

Artur me perguntou se eu tinha informações sobre ele. Eu disse que não. Artur soubera, por um brasileiro, que Chico fora preso dias antes do assalto. Levou uns tabefes, abriu o berreiro e fez um acordo com os homens: entregaria todo mundo em troca da sua vida. Como ele não sabia onde eram os nossos aparelhos, os meganhas resolveram pegar todo mundo durante o assalto, inclusive para usar como propaganda. Depois disso, Chico sumira.

— Um dia, quem sabe, a gente o encontra – eu disse só por dizer, pois já tinha resolvido não ajustar contas com ele.

Artur é, hoje, cidadão cubano. Nunca mais esteve no Brasil, nem a passeio.

*****

Em 1978, eu e Paula nos mudamos para Lisboa, onde nos entrosamos com outros exilados que optaram por soluções político-partidárias para a crise brasileira. Discutia-se na capital portuguesa a formação de novos partidos, que acabasse com a dicotomia Arena/MDB, um artifício criado pela ditadura.

No Brasil, debatia-se abertamente a anistia – a ditadura não se aguentava em pé.

— 15 —
FIM

RIO DE JANEIRO, FINS DOS ANOS 1970

Desde meados dos anos 1970, a ditadura militar entrou em franco processo de esgotamento.

O chamado "milagre" brasileiro, fase em que o Brasil, favorecido por maciços empréstimos (que nos tornaram um dos países mais endividados do planeta) e investimentos estrangeiros, experimentou crescimento surpreendente, chegava a um melancólico fim em 1973. O primeiro choque petrolífero, ou seja, o brusco e surpreendente aumento dos preços do petróleo, reflexo da crise mundial, foi um dos motivos da derrocada do clichê promocional "Brasil potência".

A euforia interna, habilmente manipulada pela ditadura, transformou-se rapidamente em insatisfação e angústia, atingindo em especial a classe média, que passou a padecer o sofrimento de ver o seu poder aquisitivo derreter a cada dia. A classe média é consumista por natureza. Quando, por qualquer motivo, não pode atender aos seus desejos de compra, ela submerge no desespero.

Evoluía a rejeição popular aos governos militares. Exemplo disso foi a eleição para o Senado (renovação de um terço), em 1974. O MDB, partido legalmente de oposição, elegeu 16 senadores, e a Arena, partido de sustentação da ditadura, apenas seis. Era um sinal. Quatro anos antes, o MDB só elegera os candidatos ao Senado no estado da Guanabara (antigo Distrito Federal), sendo derrotado de forma acachapante em todos os demais estados. A reviravolta, em tão curto tempo, pegou a todos de surpresa, inclusive o próprio MDB, cujos próceres confessaram publicamente o seu espanto.

A partir dos resultados eleitorais de 1974, a expressão anistia aos presos e aos perseguidos políticos, dita de início com extrema cautela e em voz baixa, passou a ser repetida em discursos de políticos, estudantes e intelectuais. Estava lançada a semente.

Em 1978, foi criado, no Rio de Janeiro, com sede na Associação Brasileira de Imprensa (ABI), o Comitê Brasileiro pela Anistia, reunindo várias entidades da sociedade civil. Em breve, tanto no Brasil como no exterior, novos comitês foram surgindo, generalizando uma tendência que, aos poucos, tornara-se irreversível. Em fins de 1978, o AI-5 foi revogado.

Em junho de 1979, o último presidente do regime ditatorial, João Batista Figueiredo, encaminhou ao Congresso Nacional o seu projeto de anistia, que atendia parte dos interesses da sociedade porque negava o benefício aos condenados por crimes de morte, restrição que acabou por ser excluída da lei finalmente aprovada.

Pior do que tudo, porém, foi o fato de que no projeto de anistia aprovado, os militares e os demais responsáveis pelas práticas de tortura – definidas no projeto como "crimes conexos", ou seja, crimes de qualquer natureza relacionados a crimes políticos ou praticados por motivação política – criminosos bárbaros (os torturadores), foram beneficiados por uma lei que nascera, sobretudo, como bandeira de luta das vítimas físicas da ditadura e em honra aos desaparecidos.

Eu e Paula estávamos em Lisboa quando a lei de anistia foi promulgada pelo presidente Figueiredo, em 28 de agosto de 1979. Conversamos muito a respeito. Resolvemos retornar o quanto antes ao Brasil. Iríamos apenas aguardar alguns trâmites e obter algumas informações mais precisas sobre a situação brasileira. De qualquer modo, nossa vontade era voltar, o mais tardar, em dezembro daquele ano.

*****

RIO DE JANEIRO, 2002

Naquele início da manhã fiz uma bateria de exames clínicos que mediram as condições dos meus pulmões, carótida e artérias. Eu me sentia debilitado, mas esperançoso. Os médicos tudo faziam e diziam para me animar.

No meio da manhã, recebi a visita do Dr. Amadeu Guilherme, que estava acompanhado de dois assistentes. Tinham chegado de São Paulo e foram diretamente do aeroporto para me ver. Dr. Amadeu procurou me infundir ânimo:

— Sua aparência está excelente.

Ele afirmou que tudo ia dar certo, que os transplantes eram bem mais seguros, com elevados índices de êxito, coisa de mais de 90%. Deu-me algumas recomendações e pediu que eu me mantivesse calmo e descansado. Os resultados dos meus exames tinham sido bons, absolutamente dentro das previsões. Disse, ainda, que a cirurgia, por sua própria natureza, seria demorada, "coisa de dez, doze horas".

— Mas não se preocupe – Riu: – Você vai dormir. Nós é que vamos trabalhar muito.

Clarinha tinha saído do quarto por instantes: fora conversar com Estrela, que estava muito nervosa. A intranquilidade de minha mãe poderia me contagiar, o que não era desejável, segundo os médicos. Clarinha conseguiu acalmá-la.

Antes de ser levado para a sala de cirurgia, despedi-me de Clarinha, confessei mais uma vez o meu amor por ela. Dei um beijo em Estrela. Lembro-me de ter dito a ela:

— Depois de tantas aventuras na vida, não vai ser um transplantezinho qualquer que vai me vencer. Fique calma, D. Estrela, que eu volto logo. Como sempre voltei, não é mesmo?

Ela lançou-me um olhar esperançoso e disse apenas, com carinho:

— Vitor, meu filho, você sempre foi um menino muito levado.

*****

RIO DE JANEIRO, FINS DE 1979

Desembarcamos, eu e Paula, no aeroporto do Galeão, no Rio de Janeiro, na manhã de 28 de dezembro de 1979, dia em que eu fazia 37 anos de idade. No saguão fomos recebidos por ativistas do movimento pela anistia, por amigos, além dos familiares, meus e de Paula.

A festa foi de enlouquecer. Eu chorei. Paula chorou. Parentes, amigos e ativistas choraram, cantaram, gritaram os nossos nomes e palavras de ordem contra a ditadura. Eu, em particular, estava felicíssimo. Sentia que, ao desembarcar, depois de quase dez anos vagando pelo Chile, Venezuela, México, Cuba e Portugal, eu atravessava mais uma porta. Quantas outras eu ainda teria que atravessar?

Fomos para casa de um amigo, na Gávea, onde nos esperava uma baita feijoada.

Um amigo dos Bancários, Petrúcio, quis saber detalhes do meu exílio. Em poucos minutos eu estava cercado de pessoas, ouvintes atentos e curiosos das histórias que eu e Paula contávamos. Claro, tivemos o cuidado de escolher as histórias mais pitorescas, como a falta de banheiros para os asilados na embaixada da Venezuela, em Santiago, o que fez com que muitos asilados vivessem situações perigosamente embaraçosas. Ouvimos também histórias e notícias, algumas engraçadas, outras surpreendentes.

Eu estava imensamente feliz. Eu estava reencontrando o meu mundo.

*****

Uma semana após o nosso retorno, Paula me disse que não ficaria no Rio de Janeiro e, sim, em Belo Horizonte, onde viviam seus pais, irmãos e amigos. Percebi que essa notícia significava, na verdade, o fim do nosso relacionamento.

Eu compreendi perfeitamente as razões da minha companheira, afinal o meu retorno ao Rio de Janeiro, o reencontro com amigos de infância e parentes, deram-me uma sensação de contentamento tão intensa que eu não podia negar o mesmo a ela. O meu retorno, enfim, terminou no Rio de Janeiro, o porto seguro de um périplo a que eu fui obrigado a seguir e sofrer por diversos países. O porto seguro de Paula era Belo Horizonte. O Rio de Janeiro, para ela, era apenas uma baldeação, mais uma, nada mais que isso. Ela tinha que seguir adiante, em busca de si e do seu porto de chegada.

Eu e Paula fomos grandes companheiros e, de uma maneira muito especial, curtimos amor um pelo outro. Estabelecemos entre nós fortes laços de carinho e cumplicidade, mas não cultivamos nunca um amor duradouro, do tipo "até que a morte nos separe". Nada disso. O nosso amor, um misto de ternura e amizade, jamais foi "imortal", mas foi "infinito enquanto durou".

Partilhamos ideias e ideais. Fomos sempre leais um ao outro e enfrentamos sem queixa todas as dificuldades. Em Lisboa, fizemos juntos uma opção por um partido trabalhista em formação, aprendemos a admirar o Brizola, que retornara ao Brasil disposto a retomar sua vida política.

Senti que Paula estava triste, mas eu procurei, na medida do possível, levantar o seu ânimo. Eu também estava triste, pois, apesar da amargura do exílio, dos riscos que corremos, das saudades que partilhamos, fomos felizes, um deu a mão ao outro tanto nas horas difíceis quanto nas fáceis. E nos sobraram lembranças, muitas lembranças, boas lembranças. Jamais esqueceremos um do outro e dos momentos tristes e felizes, tensos e calmos, que vivemos juntos.

*****

RIO DE JANEIRO, 2002

A minha cirurgia durou pouco mais de onze horas.

— Foi um sucesso – assegurou Dr. Amadeu Guilherme à Clarinha e à Estrela. – O Vitor vai ser removido para a UTI. Deve permanecer dormindo por umas 24 horas ou mais. Ele deve ficar por alguns dias na UTI.

— E depois? – quis saber Clarinha.

— Estimo que o tempo de recuperação no hospital seja de uns quinze, vinte dias. Depois, ele poderá ir para casa curtir o novo coração.

Depois da clandestinidade, da prisão, do exílio, a pior coisa do mundo é ficar enclausurado na UTI.

A UTI é um ambiente sinistramente branco, opressivo, onde você dorme e acorda, dorme e acorda, em dosagens não mensuráveis e descontínuas. Eu tinha alucinações e sentia muito medo. Não tinha medo de morrer. Tinha medo das imagens e das sombras que povoavam meus delírios. Eu temia ter que ficar ali para o resto da vida.

Lembro-me de que vi um vulto enorme e branco, muito estranho, que balançava a cabeça de um lado para outro, como quem diz "não".

Na UTI você não se reconhece. Você é um ser biônico, ligado a fios e máquinas, que medem sua pressão arterial, as batidas do seu coração, a sua respiração, a sua vida – ou a sua morte, se ela vier. Você não sabe onde está, sente sede (que não pode saciar), ouve gemidos, às vezes gritos, tosse, ruídos indistinguíveis, percebe vultos que não reconhece, sente-se acuado, o ambiente frio e branco é hostil. Ninguém fala com você. Ninguém pergunta nada. Seus pensamentos – se é que são pensamentos – nascem e morrem no seu cérebro, vagueiam, turvam-se, perdem-se, não se concatenam.

Você tenta respirar fundo, mas o ar não chega aos seus pulmões – e aí vem a sensação angustiante de sufocamento, a mesma que eu senti na tortura quando enfiaram minha cabeça num tonel cheio de água podre. Na UTI, você não sabe onde está e isso provoca agonia, pânico, horror. O vulto branco e alto permanece diante de você, em silêncio, quase imóvel, não fosse o balançar cadenciado da cabeça.

Nos meus delírios sentia dor na cabeça, como se alguém estivesse enfiando um ferro na minha nuca. Sentia que ia ser empurrado para a morte, que nos meus pesadelos era um abismo fundo, muito fundo e branco. Um abismo sem volta – o nada.

Supus que estava sendo torturado novamente. Os fios que me ligavam a máquinas iam queimar minha pele – choques dolorosos, cada vez mais intensos.

Tive sonhos. Sonhei – como sonhava sempre – com a velha casa de esquina de Santa Rita do Sapucaí. Durante meus sonhos, eu sempre retornava ao meu quintal, ao meu mundo, onde as formigas continuavam na sua faina, o abacateiro estava carregado de frutos verdes e doces, as galinhas ciscavam, o galo cantava, os lençóis estavam pendurados nos varais. Mas a paisagem estava embotada por uma névoa branca, indefinida. A névoa da morte.

Nos meus sonhos, eu sentia uma vontade enorme de voltar à velha casa de esquina. Acordado, eu sentia medo de voltar e encontrar uma casa que não era mais aquela, um quintal que não era mais o meu mundo, um abacateiro velho, sem folhas e frutos, formigas que não andavam mais, varais vazios.

Eu tinha medo de voltar e descobrir que a casa dos meus sonhos e pensamentos não era exatamente a casa de Santa Rita do Sapucaí. Temia que a casa dos meus sonhos e pensamentos fosse, na verdade, uma vontade, um sonho, nada tendo a ver com a casa real, fincada numa esquina de Santa Rita do Sapucaí.

Sempre que eu sonhava, o cenário era a casa de esquina. Muitas vezes pensei nesse estranho sortilégio que me fazia sempre voltar ao casarão onde morei apenas cinco anos. Por que meus sonhos me faziam deslizar sempre para o passado? Um passado tão distante que eu já devia ter esquecido. Um passado confinado às paredes de uma casa de esquina em Santa Rita do Sapucaí.

*****

No quarto, ao contrário do que acontecia na UTI, eu ficava mais acordado do que dormindo, embora meus sonhos ainda fossem povoados de névoas e vultos. Os médicos iam me ver e diziam:

— Você está ótimo.

Estranho. Dentro de mim pulsava um músculo que não era meu, dando-me uma nova oportunidade. De quem tinha sido o coração que hoje bombeava meu sangue, espalhando vida e futuro dentro de mim? O que fazia o doador na vida? Era um bom sujeito? Era carioca? Casado? Tinha filhos? Era alto? Baixo? Magro? Gordo? Tinha mãe? Pai? Irmãos? Seu nome, qual era? E a idade?

Um novo coração, gerado e nascido no corpo de uma pessoa que não conheci, que a partir de então compartilharia comigo as minhas aventuras e venturas, amores e arrependimentos. Um novo coração.

Um dia, porém, dei-me conta: se aquele coração me garantiu a vida, eu, ao recebê-lo, evitei que ele apodrecesse debaixo da terra. Éramos, portanto, cúmplices. Eu salvei aquele coração dos vermes, ele me deu uma nova oportunidade.

*****

RIO DE JANEIRO, MEADOS DE 1980

Minha vida foi uma contínua ciranda, que me fez passar por experiências felizes e infelizes, horas boas e ruins de viver, amargas e doces. O retorno após quase dez anos de um exílio que não busquei, que me foi imposto pelas circunstâncias, tinha tudo para ser um recomeço.

Em primeiro lugar, eu precisava resolver questões práticas – um emprego, por exemplo. Outra: um local para morar, pois não tinha sentido eu residir na casa da minha mãe, dividindo o teto com o mau humor do Mário – e com o ódio que ele continuava a sentir por mim.

Não tive coragem de procurar nenhuma das minhas antigas namoradas. Quem, um dia, passou por mim, foi Lisa, cabelos e olhos negros, sempre belos e morticos. Pensei em falar com ela, cheguei mesmo a caminhar em sua direção, mas desisti. O que eu poderia lhe dizer? "Boa tarde, eu sou o Vitor. Lembra-se de mim?". Ela certamente me tomaria por idiota. "Não, não lembro, com licença". E seguiria o seu caminho, indiferente a mim, como sempre fizera.

E se eu lhe dissesse, enfim, o quanto a amei na vida? "Boa tarde, eu sou o Vitor, o cara que sempre amou você". Talvez ela ficasse surpresa, talvez achasse graça, talvez zombasse de mim, talvez pusesse aquele par de olhos negros e belos em mim e virasse as costas, sem nada dizer ou fazer. Afinal, o que ela poderia pensar, dizer ou fazer diante de um sujeito que ela pouco vira ou reparara na vida e que agora dizia que a amava? Eu faria, sem dúvida, um papel ridículo, humilhante; ela, certamente, teria pena de mim. "Lamento, com licença".

"Boa tarde, eu sou o Vitor. Lembra-se de mim?" Ela, claro, diria: "Não, não me lembro, com licença", e afastar-se-ia de mim, como se eu fosse um poste ou uma árvore plantada na calçada. Uma árvore que atrapalhava o seu caminho. "Boa tarde, eu sou o Vitor". Ela me olharia sem nada dizer, pediria licença e seguiria em direção oposta à minha. Como sempre fora em toda minha vida.

"Boa tarde, querida Lisa". "Não conheço você, com licença". E eu ficaria com cara de besta, amargando o meu sofrimento.

"Eu sou o Vitor, preciso conversar com você". "Lamento, mas não tenho tempo, com licença". O que eu faria? Imploraria sua atenção? Explicaria tudo a ela? Iria atrás dela explicando os meus sentimentos? "Desculpe, mas esse assunto não me interessa, com licença".

Perdido em meio a pensamentos confusos, perdi Lisa de vista. Mais uma vez. Talvez para sempre.

*****

Eu precisava retomar a minha vida. Ela se fragmentara em muitos pedaços, em muitos começos e recomeços: clandestinidade, luta armada, prisão, exílio, retorno. Voltei às minhas caminhadas errantes, revi ruas e praças do Flamengo e do Catete, notei mudanças. O velho *rendez-vous* da Correia Dutra desaparecera – o velho sobradão onde funcionara o puteiro fora derrubado e em seu lugar havia um prédio de apartamentos. O mesmo acontecera aos sobrados das vizinhanças, *rendez-vous* ou não.

O cinema Azteca fora derrubado, assim como o São Luiz. O Politheama transformara-se num supermercado. Uma loja, próxima ao Largo do Machado, chamada "A pequenina", onde eu costumava comprar botões de futebol de mesa, desaparecera. Em seu lugar surgira uma farmácia. Fiquei impressionado com o número de farmácias da Rua do Catete.

O número de favelas crescera assustadoramente nos anos do meu exílio. Algumas favelas haviam se transformado em verdadeiras cidades – eram cidades dentro da Cidade Maravilhosa, centenas delas. Dizia-se que o Rio de Janeiro tinha então pouco mais de trezentas favelas.

A mendicância nas ruas aumentara, assim como o número de doentes mentais – vi muita gente falando sozinho, esbravejando contra a vida; vi muitas crianças perambulando pelas ruas, pedindo dinheiro e cigarros aos transeuntes. No Largo do Machado, Cinelândia e Largo da Carioca vi pastores protestantes, bíblias nas mãos, imprecando contra o demônio, responsável por todos os pecados e males do mundo. Dar e receber esmolas tornara-se uma relação social comum nas calçadas da cidade. As praias estavam poluídas, embora cheias; a Baía da Guanabara, *idem*. O Rio estava sujo, muito lixo nas calçadas. O Rio transformara-se numa cidade barulhenta. E tensa.

O Rio de Janeiro que encontrei ao voltar do exílio não era a mesma cidade de dez anos antes – e nem poderia ser. O Rio perdera o seu antigo frescor, talvez um pouco do seu encanto, muito da sua espontaneidade. Parecia que o carioca estava perdendo o hábito de sorrir. As distorções urbanas e sociais tinham modificado a cidade – para pior.

O Rio de Janeiro, em especial, e o Brasil, em geral, assumiram, em muitos aspectos, a cultura e o caráter autoritário da ditadura. No Rio todos pensam que são espertos, mais espertos que os demais, e todos sonham em dar grandes e pequenos golpes, todos querem levar vantagem em tudo, ninguém respeita as leis, o trambique e o jeitinho são glorificados. O autoritarismo, que já existia desde a colônia, tornou-se um dos traços mais nítidos e característicos da sociedade brasileira. Uma deformação que impregnou a todos, inclusive os poderes, os partidos políticos, o cotidiano.

Mas isso é assunto para os sociólogos, embora grande parte deles claudique feio quando se trata de explicar a sociedade brasileira.

*****

Estive no *Correio da Tarde*, cujo editor, Heleno Fraga, tinha sido meu contemporâneo na FNFi. Fraga me garantiu comprar uma matéria semanal sobre a cidade. E explicou o que queria:

— Quero muita discussão sobre os problemas da cidade, certo?

Aceitei. A grana não era lá essas coisas, mas quebrava o galho.

Uma editora, por indicação de um amigo meu, encomendou-me uma tradução: *The citadel*, de Archibald Joseph Cronin (A. J. Cronin). Um bom reforço de caixa.

Eu começava a me organizar.

*****

RIO DE JANEIRO, 2002

Fiquei internado 19 dias, cinco dos quais na UTI. Recebi recomendações expressas dos meus médicos: tinha que engolir diariamente uma batelada de comprimidos, remédios e vitaminas: doze pela manhã, oito à tarde e três antes de dormir.

No meu caso, dois remédios eram os mais essenciais: um deles, o Ciclosporina, uma droga imunossupressora. A Ciclosporina suprime as reações imunológicas que causam a rejeição de órgãos transplantados. Em outras palavras, o sistema imunológico humano vê o órgão transplantado como um ente estranho, que não pertence ao organismo do receptor, e volta-se contra ele, por meio da rejeição, cujos primeiros sintomas são a febre e a diarreia. A Ciclosporina evita a rejeição, suprimindo ou agindo diretamente sobre o sistema imunológico do transplantado.

Agora, como o sistema imunológico se torna baixo – ou quase nulo – devido ao uso da Ciclosporina, o transplantado fica, em consequência, à mercê da ação de vírus ou de variados tipos de infecção, o que exige o uso de um segundo remédio, a Prednisona, que é um poderoso anti-inflacionário. São, portanto, medicamentos que se complementam: um anula o sistema imunológico do transplantado, evitando a rejeição; o outro impede a ação de vírus e infecções num organismo em que o sistema imunológico está fragilizado.

Além dos medicamentos e vitaminas, eu tinha que levar uma vida tranquila, evitando emoções fortes e esforços pesados. Segundo Ruy Raposo, minha vida, a partir de então, tinha que ser alegre (a palavra que ele usou foi esta: alegre).

Diariamente, eu tinha que medir minha temperatura e a pressão arterial, anotando os resultados cuidadosamente num mapa cujo modelo ele me forneceu.

*****

RIO DE JANEIRO, 1981

Comecei a namorar Elizabeth um ano após o meu retorno do exílio.

Elizabeth era uma mulher bonita, bem-cuidada, um pouco puxada à dondoca. Era seis anos mais moça que eu. Morava, desde criança, na Rua Barão do Icaraí, uma transversal da Rua Senador Vergueiro. Eu a reencontrei numa festa.

Elizabeth foi efusiva comigo, disse que lera nos jornais a meu respeito. Falou da admiração que sentia por mim (fiquei encabulado!) e acrescentou que estava divorciada há cinco meses. Um amigo nosso, Rodolfo, cujo apelido era Bagre, estava dando em cima dela, mas Elizabeth – e aí veio a cantada – estava, disse ela com franqueza, interessada em mim (fiquei mais uma vez encabulado!).

Bem, vou resumir essa parte da minha vida, pois, com exceção dos meus filhos, ela é pouco interessante.

Casei-me com Elizabeth em 1982. Tivemos dois filhos: Lincoln, nascido em 1985, e Isis, em 1987. Como já disse, o nome do meu filho é uma homenagem a Lincoln Bicalho Roque, assassinado pela ditadura em 13 de março de 1973. Lincoln era do PCdoB e tinha sido meu colega na FNFi. O nome da minha filha era um pleito a uma companheira da

ALN, Isis Dias de Oliveira, presa em 1972, e desde então desaparecida. Seu corpo nunca foi encontrado.

Em 1988, Elizabeth e eu nos separamos amigavelmente. Elizabeth era uma grande mulher, mãe virtuosa, mas não soube (ou não quis) compreender jamais minha maneira de ser. Pior: Elizabeth tornou-se ciumenta e vivia imaginando que eu tinha casos amorosos em penca, o que não era verdade. "Pensa que eu não percebo? Suas companheiras só pensam em foder! Pensa que eu não noto?", dizia ela.

Nossa vida em comum tornou-se, primeiro, muito difícil; depois, um inferno. Antes que ela se degenerasse de vez, resolvemos seguir, cada um, suas vidas. Hoje raramente converso com ela.

*****

POÇOS DE CALDAS, 10 DE JUNHO DE 2012

Fui participar como convidado do Flipoços, o Festival Literário de Poços de Caldas.

Após chegar do exílio, eu escrevi dois livros. O primeiro, sobre Euclides da Cunha (uma biografia intelectual, embora eu tenha discutido, nas páginas finais, a chamada tragédia pessoal do escritor). Em Cuba, eu li, deliciado, *Os sertões* (que considero uma obra-prima), e conheci um professor da Universidade de Havana, Dr. Jorge Vaca Villalba, que sabia tudo sobre a guerra de Canudos. O segundo livro me foi sugerido por Clara dos Anjos: uma espécie de almanaque sobre os anos 1950, cuja vendagem e repercussão foram excelentes.

Eu supunha que o assunto desse livro só iria interessar a coroas como eu – ou, no melhor dos casos, a pessoas mais maduras. Engano. A curiosidade do público e o teor das perguntas me provaram que os anos 1950, por várias razões, exercem certo fascínio também sobre os jovens, que compunham grande parte do público presente à minha palestra. Interessantes foram as perguntas que eles fizeram sobre o teatro de revista, ou teatro rebolado.

Como era de se esperar, muitos me perguntaram sobre a minha atuação na luta armada contra a ditadura, sobre o meu exílio – dois ou três, inclusive, manifestaram curiosidade sobre o meu transplante. Respondi a todas as perguntas numa boa: acho natural que todos –

principalmente os jovens, muitos dos quais nasceram após a anistia – queiram saber sobre a ditadura.

Saímos de avião do Rio de Janeiro, desembarcamos em Campinas e fomos de carro até Poços de Caldas. Tínhamos plano de retornar de ônibus, com baldeação em Santa Rita do Sapucaí, onde ficaríamos dois ou três dias. Após sessenta e dois anos, eu desejava rever a casa de esquina, o quintal e, quem sabe, o abacateiro.

*****

Houve época em que eu me recusava a falar sobre a luta armada, minha prisão e meu exílio. Hoje, porém, encaro a curiosidade das pessoas com naturalidade. Afinal, a luta armada (não a minha participação em si) e o exílio de milhares de pessoas pertencem à história do Brasil. Como tal, os brasileiros têm direito de saberem a respeito, principalmente o de ouvirem o testemunho daqueles que estiveram na linha de fogo daqueles acontecimentos.

Sempre acentuo aos meus interlocutores ou ouvintes que naquele período da história brasileira não houve heróis. Nós que empunhamos as armas não éramos heróis nem mocinhos peleando contra os bandidos. Na época da luta armada ninguém era santo, inclusive nós, os guerrilheiros. Nós estávamos ali para matar ou morrer. Tínhamos consciência disso.

Fomos insurgentes contra uma ditadura cruel, desumana, que atrasou o Brasil e, com isso, agravou os problemas e as desigualdades no país. Ao impedir as reformas propostas pelo presidente João Goulart, as elites dominantes, via o golpe e a ditadura militar, potencializaram as contradições sociais do país.

As reformas de base propostas por Jango não eram uma revolução nem pretendiam implantar o socialismo no Brasil ou uma suposto "República Sindicalista". As reformas de base pretendiam apenas destravar as amarras que mantinham o país no atraso e na barbárie social; elas fariam o Brasil mais justo social e politicamente. Cabe lembrar: no bojo da reforma política, uma das propostas era garantir ao analfabeto o direito de votar e de ser votado. Os milicos impediram as reformas e, logo, as transformações que o país exigia.

Claro, de 1964 para cá, crescemos e nos modernizamos, mas o nosso crescimento e a nossa modernização se deram com o agravamento das contradições e, pior ainda, gerando outros graves e incontornáveis problemas. Um exemplo: o campo se despovoou, mas, em contrapartida, as cidades incharam, tornando-se ingovernáveis e inadministráveis.

A meu ver, é impossível – reitero: impossível – garantir escola, saúde, emprego, transportes, moradia, bem-estar social, a mais de (hoje) 170 milhões de pessoas que moram nas cidades no Brasil. O caso de São Paulo é exemplar: são 15 milhões de pessoas demandando serviços básicos, que a prefeitura local não tem como atender, seja fisicamente, seja financeiramente. A ausência da reforma agrária, de um lado, e a penetração do capitalismo no campo, de outro, fizeram com que muitos milhões de habitantes se transferissem para as cidades – pequenas, médias e grandes.

A ditadura cassou mandatos, proibiu a existência de partidos políticos, estabeleceu a censura, negou participação política aos estudantes, aos operários, aos camponeses. A ditadura prendeu, torturou, matou, levou desespero a um número incalculável de famílias. O enfrentamento armado foi o único caminho que restou a quem se dispunha a lutar contra o cenário de violência e concentração criado pelo golpe de 1964.

Mas a luta armada trazia em seu ventre o preço da nossa própria derrota. Fomos implacavelmente derrotados. Muitos de nós – que acreditávamos na nossa vitória – foram mortos ou desapareceram. Na realidade, fomos esmagados.

Repito: não éramos, nunca fomos, heróis. Nós sofremos muito – e quem disser que não, que enfrentou tudo numa boa, está faltando com a verdade. Sofremos, choramos, padecemos, mas não nos arrependemos – eu, pelo menos, não me arrependo. Na vida, só me arrependo de uma coisa: não ter tido coragem de declarar o meu amor à menina dos olhos e cabelos negros. Mesmo que fosse para ser rejeitado.

Ao nos engajarmos na luta armada, fizemos o que a nossa consciência nos ditou. Certo ou errado? Não importa. Importa reconhecer que perdemos. Perdemos uma guerra desigual, uma guerra que não se enraizou na população, uma guerra – sejamos honestos – que a população brasileira não aceitou e, parte dela, repudiou. Foi uma loucura – com método, mas uma loucura.

Não há solução quanto a isso. O máximo que podemos fazer é analisar a nossa derrota e escrever a nossa história. Talvez, nem isso.

*****

SANTA RITA DO SAPUCAÍ, TARDE DE 12 DE JUNHO DE 2012

A viagem até Santa Rita do Sapucaí foi ótima. O ônibus que tomamos em Poços de Caldas nos deixou em Pouso Alegre, de onde fomos para Santa Rita do Sapucaí. O sul de Minas é muito bonito, o clima é ótimo, as estradas excelentes, as paisagens deslumbrantes. Eu estava ansioso, mas feliz, com a oportunidade de rever a casa de esquina.

*****

Santa Rita do Sapucaí é, hoje, uma cidade de 42 mil habitantes e é reconhecida como um importante polo eletrônico. Quando morei em Santa Rita do Sapucaí, sua população devia ser da ordem de seis a dez mil habitantes.

Quando chegamos à cidade levei um baita susto. A praça central, Praça Santa Rita, na essência, continuava a mesma: lá estava a Igreja Santa Rita de Cássia – imponente, mas discreta; o coreto, tal qual eu me lembrava dele; o Cineteatro Santa Rita, desativado e quase em ruínas, onde eu e Mário íamos aos sábados com Joaquim para ver as aventuras de Flash Gordon no planeta Mongo.

O que me assustou foi o enorme prédio construído na lateral da praça, que destoava inteiramente da cercania, toda ela de casas de um só piso. Aquele prédio era um completo absurdo, algo que não devia estar ali. Uma cidade de pouco mais de quarenta mil habitantes não merecia um prédio como aquele: um prédio de 18 andares!

— E a casa de esquina? – perguntou Clarinha.

— Fica aqui perto.

Saímos a caminhar lentamente. Confesso que estava emocionado. Clarinha percebeu e segurou minha mão com força.

Meu coração, que era de outro, mas pulsava em mim, estava acelerado. Em minutos eu estaria diante da casa de esquina, veria mais uma vez o meu mundo, o quintal que eu tanto amara. O abacateiro ainda estaria de pé?

*****

Enquanto caminhávamos, eu pensava que aquela cidade não era a Santa Rita que ficara presa na minha memória. E nem podia ser: a minha Santa Rita era uma cidade de sessenta anos atrás, sem carros, a não ser algumas fubecas, entre as quais a de Joaquim, que Gonçalo dirigia sem desviar dos buracos e pedras. Há sessenta anos, Santa Rita era uma cidade cafeeira, pequenina.

Fiz alto diante de uma bela casa, que parecia abandonada.

— O que foi? – perguntou Clarinha.

— Aqui morava um casal amigo dos meus pais, Olga e Nilo. Os dois eram padrinhos do meu irmão Paulo, o que morreu aqui em Santa Rita. Olga e Nilo tinham dois filhos. Um deles se chamava Gabriel Roberto, cujo apelido era Major.

— Estão vivos?

— Olga e Nilo morreram. Major e o irmão, não sei.

— A casa parece vazia, abandonada.

— Brinquei muito nesse jardim.

Retomamos o caminho. Ocorreu-me que eu e Clarinha estávamos fazendo a mesma rota que tantas vezes fiz com Estrela e Joaquim. Disse isso a ela, que sussurrou:

— Olha a emoção, Vitor.

— Estou chegando a um pedaço importante da minha vida.

Demos alguns passos em silêncio. A tarde começava a cair. Numa árvore próxima, em meio à densa folhagem, ouvia-se o chilrear dos pardais – sinfonia de pardais – disputando o melhor galho onde dormir e se proteger.

— Como é o nome desta rua? – quis saber Clarinha.

— Moreira Costa. A família Moreira sempre foi muito poderosa em Santa Rita. A casa de esquina fica no cruzamento da Moreira Costa com a José Ribeiro. Ali adiante.

*****

Estávamos a uns dez metros da casa de esquina e o meu coração continuava acelerado. Chegamos. Clarinha percebeu o meu choque e apertou minha mão com força. Tentei dizer alguma coisa, mas da minha garganta saiu um som difuso, estranho, uma espécie de soluço. Meus olhos se encheram de lágrimas e espanto.

    A casa de esquina tinha sido demolida. Em seu lugar um terreno plano, coberto aqui e ali de mato ralo e estéril, a terra escura, onde no passado eu vivera os meus primeiros sonhos. Não havia mais abacateiro, nem galinhas ciscando, nem o varal, nada. Só o mato rasteiro e a terra escura, onde eu me deitara tantas vezes para olhar os tufos de nuvens passeando no céu azul de Santa Rita. O meu mundo, o mundo que eu criara quando menino, transformara-se num terreno baldio sem vida, sem seus personagens.

    O meu mundo – parte da minha vida – não mais existia.

*****

SANTA RITA DO SAPUCAÍ, NOITE DE 12 DE JUNHO DE 2012

    Eu não devia ter voltado a Santa Rita em busca da casa de esquina – logo, de mim mesmo. Ninguém volta ao passado, e caso isso fosse possível, não encontraria o que deixou, nem mesmo o que supõe ter deixado. O passado é na nossa cabeça apenas uma lembrança distorcida. Sinto-me amargurado, perdido.

    A verdade é que a casa de esquina acabou quando a deixei em 1949 e me enrodilhei em outros mundos e horizontes. Foram necessários mais de sessenta anos para que eu entendesse isso. A casa de esquina tinha sido, na verdade, uma extensão do útero de Estrela. Ao deixá-la, o cordão umbilical que me atava e me prendia àquelas paredes foi rompido pelo destino, sem que eu me desse conta disso.

    Mas e os meus sonhos? Por que, afinal, em todos os meus sonhos, a casa de esquina fora o cenário tão presente, dando-me a certeza de um retorno que agora eu sabia ser impossível? Durante sessenta anos eu pensara, eu sonhara, eu desejara uma casa de esquina que agora não existia mais.

    Deitado na cama, olhos fixos no teto, eu pensava: por que não vim antes da demolição? Por que me foi negado um último olhar na direção do meu passado? Sentia-me vítima de uma injustiça, de uma trapaça.

A casa de esquina em Santa Rita do Sapucaí tinha ido abaixo – e, com ela, parte do meu passado, parte da minha infância. Viver é ir juntando recordações, que vão se perdendo na vida e na memória, como trastes imprestáveis que perdemos ou jogamos no lixo. A casa de esquina, o quintal, o varal, o abacateiro, as formigas andando em fila, a lagartixa, as galinhas, o galo, tudo se transformara num terreno vazio, onde só existia mato rasteiro e terra escura. A casa de esquina tornou-se o que é de fato na minha vida: um novo desencontro.

Por onde andará Gonçalo? E o Dino Bigodão? E o filho anão do seu Putieu? Mortos, certamente. E o Gil (e seu cineteatro de caixa de papelão)? Onde andará? Não conheço mais ninguém em Santa Rita do Sapucaí. Nem mesmo a escola onde fui levado para consolar o meu irmão Mário eu soube localizar.

Estou deitado, mirando o teto. Percebo que a cada instante Clarinha me lança um olhar vigilante, embora finja estar lendo um livro. Maria Clara dos Anjos. Clarinha. Espero que ela me ame tanto quanto eu a amo.

Minha vida foi uma sucessão de começos e recomeços. Uma sucessão de perdas e derrotas. Uma corrida atrás do vento. Fui derrotado na luta armada, fui derrotado na luta política, fui derrotado na vida. Fui torturado, banido, perdi-me pelo mundo – quando meu desejo íntimo e único era estar na casa de esquina, que agora não mais existe.

Não me reconheço. Perdi a crença em tudo, não creio que o mundo e a vida serão, um dia, diferentes do que são hoje. Perdi tudo. Perdi, talvez para sempre, a amizade do meu irmão Mário. Não dá para mudar o mundo e a vida. O mundo e a vida não nos dão o privilégio de mudá-los. O mundo e a vida seguem um rumo – e nós somos obrigados a segui-lo. Não temos como alterar o enredo que criamos e foi criado para nós.

Penso mais uma vez em Lisa e sinto que talvez nunca a tenha amado de verdade. Talvez, ao longo da vida, eu tenha sido apenas um viciado na ideia de que amava Lisa, seus belos olhos e cabelos negros.

Lisa foi uma sombra que cruzou minha vida. Foi uma ilusão. Um desejo. Um sonho, como tantos que sonhei, mas que se dissolveram, embora tenham deixado marcas e cicatrizes. Lisa ainda vive dentro de mim. Lisa talvez tenha sido apenas um desencontro, mais um. Nada mais. Não sofro por isso nem fico confortado. As derrotas não me causam mais sofrimento. Sou um sujeito que aprendeu a ser resignado. Li, não sei onde, que a resignação é uma forma de suicídio. Talvez seja mesmo. Talvez.

SOBREVIVENTE

Estive à beira da morte inúmeras vezes, mas sobrevivi, como uma embarcação que retorna ao porto depois dos ventos e marés, nem sempre amistosos, às vezes hostis e cruéis. Aos 70 anos, o balanço que faço de mim é medíocre, talvez ordinário. Mas nem tudo foi em vão na minha vida, pois ainda tenho os meus filhos, Lincoln e Isis, e Clarinha. Maria Clara dos Anjos. Meu anjo da guarda. No plural.

Sei que posso morrer a qualquer momento, afinal, sou um transplantado e dependo de remédios e cuidados especiais para sobreviver. Não sei quanto tempo o coração que pulsa no meu peito – coração que não nasceu comigo – suportará viver em mim, garantindo-me uma sobrevida que não sei se mereço. Mas quando o meu momento chegar, quando e onde for, desejo apenas que Clarinha e meus filhos estejam ao meu lado, dando-me conforto e paz. Mais conforto do que paz.

Maria Clara dos Anjos. Minha querida Clarinha dos Anjos.

Anjos. Muitos anjos.